U0164892

生命的流轉與還滅

——十二緣起初探

觀成法師 著

目錄

第一章
生命的起源

我們現在的生命是從過去的身、語、意⁽¹⁾三業所造作出來的果報。業力的運作與它和因果、輪迴的關係，令我們聯想到一連串人生的問題：生命是怎樣起源的？為甚麼眾生會輪迴六道之中？誰決定生死的流轉？「我」有一個永恆的主體嗎？這主體是由神創造嗎？人為甚麼有種種痛苦與煩惱？誰決定我們的命運？

> 人生猶如幻中幻，塵世相逢誰是誰。
> 父母未生誰是我，一息不來我是誰。

這首詩是元朝中峰明本禪師寄贈高麗王的開示偈，寓意甚深，且能引起行者對「生命起源」的疑情，所以不少禪和子都以「我是誰？」為「話頭」，參之縱然一時未能豁悟，亦可啟迪智慧。

生命的起源，自古以來都是一個謎。眾生從無量劫以來，輪迴於三界六道之中，生不知從何而來，死亦不知從何而去。究竟是甚麼驅使我們來到這個熙攘營役的塵世，到最後又匆匆離去呢？從「業感緣起」⁽²⁾的觀念去分析，一切眾生都是因身、語、意所造的業力牽纏而流轉生死的。然而，這生命的流轉是甚麼一回事呢？我們若要了解生死輪迴的真相，應以三個角度去探討：

一、這「我」究竟是誰？

二、這「我」的生命如何（為何）流轉於六道輪迴之中？

三、認識生命的緣起外，還必須努力實踐佛法，從修證中，使生死的流轉得到還滅（停止）。

現略表如下（參表一）：

表一

1 「我」——物質與精神的聚合體

從業感緣起的觀念去分析，生命是由五蘊：**色、受、想、行、識**組合而成的。

色蘊（巴利語[3]：rūpa-khandha ，英譯：the aggregate of form），指眼、耳、鼻、舌、身，即生理機體，屬於物質界，由四大（地、水、火、風）所組成。

受、想、行、識 四蘊屬於精神界。**受**蘊（vedanā-khandha, the aggregate of feeling）是對外境的感受作用。**想**蘊（saññā-khandha, the aggregate of perception）是感受時的想像作用。**行**蘊（saṅkhāra-khandha, the aggregate of clinging）是感受想像後而引發的思惟造作。**識**蘊（viññāṇa-khandha, the aggregate of consciousness）是對境認知了別事物的心識總體。

「我」就是五蘊的組合體，是因緣和合的存在，凡夫認為五蘊就是「我」。此「我」有精氣實體，從出生到死亡一直存在。這「有我」的見解是根本煩惱。凡夫內執於「我」，自然外執於「我所」（境），遂生貪、瞋、痴、殺、盜、淫、妄、惡口、兩舌、綺語等惡業，因業力纏垢而受報，流轉於三界六道輪迴之中。

2　佛教的無常觀與無我觀

　　從**時間**的角度去分析，萬物皆是遷流變化而剎那生滅的，故人有生、老、病、死；物有生、住、異、滅；世界有成、住、壞、空。過去的消逝了，現在的正在瞬息萬變，未來的尚未發生，所以一切都處於無常之中，是名「諸行無常」。眾生不能了知，反於無常中執常態，故佛說「無常」以破眾生之「常執」。

　　從**空間**的角度分析，諸法仗因託緣而現生滅相。渺小如個人尚無獨立自主的實體可言，更何況宇宙萬物？凡夫沒有永恆、獨立、自主的體性，只有剎那新陳代謝的五蘊身心。當一期的生命報盡時，又轉投到另一新生命去，是名「諸法無我」。眾生不能了知，而於一切法強立「我見」，故佛說「無我」以破眾生之「我常」。

　　眾生妄執有「我」、「我所」，因而起惑造業，煩惱縈纏，流轉生死，受苦無窮。如能悟解「無我」，依佛法去修行戒、定、慧三無漏學，則能漸漸降伏煩惱，令惑業不起，證入諸法實相，是名「寂靜涅槃」。

　　諸法實相是超越時間和空間的，亦即超越了

眾生的經驗範疇，所以它的存在不能被肯定或否定。試問以眾生有限的智慧，怎能證明本體的絕對存在呢？即使能夠證明，結果與修行或證悟亦無直接的關係，所以不應該堅持探討一個絕對的答案。釋迦牟尼佛說法時有十四項問題是不予作答的，名曰「十四無記」，內容絕大部份與世界起源及生命自我有關。因為佛陀認為若回答這些問題會引起激烈的鬥諍，且涉及繁累冗長的辯證與論述，虛耗寶貴光陰，對修行無甚益處，故不予置答。

話雖如此，為了啟發眾生知見，大乘佛法以緣起為基礎來闡釋無我：一切法為因緣所生，亦由因緣而滅，並無一個獨立、永恆、不變的我。

但是，以無我去解答「我是誰？」不過是否定論題而已，並非答在問處。我們必須從主觀人我這個狹隘的觀點，轉移到客觀世界廣義的生命緣起論去解讀。這就是釋迦牟尼佛所證悟到的「生命十二緣起的流轉與還滅」(paṭticca-samuppāda-anga, antecedental and simultaneous occurrence)。現在先略表如下，之後在各章再逐一解釋。

13

生命十二緣起的流轉

巴利語：Paṭicca-samuppāda　　英語：Antecedental Concurrence

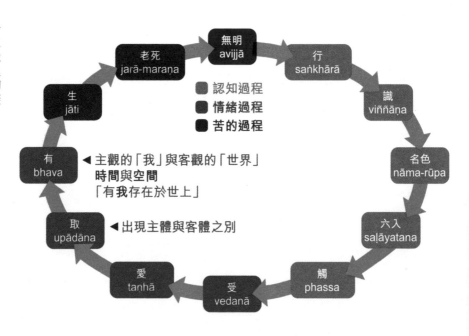

表二

　　佛教的生命緣起論與一般的生命源起論不同。一般論說是直線式的思惟，有始有終，有生有滅的「有為法」。佛法的緣起論是圓融的，猶如時鐘從零時走到十二時，指針所指是某時的開始，亦同是某時的結束，起點即是終點，生滅同時。這是圓形的思惟，無始無終的時空觀，所以《釋教三字經》說：「無始終，無內外，強立名，為法界。」

備註

漢譯	巴利語	英語
無明	avijjā	Insentience
行	saṅkhāra	Mental formation
識	viññāṇa	Perception
名色	nāma-rūpa	Identity & Entity
六入	saḷāyatana	Six sensory fields
觸	phassa	Cognition
受	vedanā	Feeling
愛	taṇhā	Emotional reaction
取	upādāna	Personalization
有	bhava	Existence
生	jāti	Birth

認知過程：Cognitive Process
情緒過程：Affective Process
苦的過程：dukkha

主觀的「我」與客觀的「世界」
Subjective Self (atta) & Objective World (loka)
時間與空間
Time and Space
「有我存在於世上」
"Being Self in the World"
出現主體與客體之別
Distinction between the Subjective (upādanā) & Objective (aupādāna)

註釋

（1）身（kāya, body），指身體所造作的一切行為。
語（vāk, speech），指口所發出的一切言語。
意（citta, mind），指意識所思想的一切念頭。
身語意（三業）又可分作善業（wholesome
deeds）、惡業（unwholesome deeds）或無記
業（indeterminate deeds）。從因果律總括來說，
善業生善果，惡業生惡果，無記業生無記果。
眾生因為無明（avijjā, insentience / ignorance），
迷昧真理而造出種種身語意業，導致現世的
老、死、憂、悲、苦惱以及一世又一世的生死
流轉。

（2）對於生命存在的探究，從過去、現在到未來，
業感緣起指出：由這一生到下一生的生命流
轉歷程，都是由自己所造的業力牽引而生。
有情眾生的果報有正報與依報之別。正報中
有美醜、智愚、貧富等諸種差別；依報中有
地域、文化、歷史、社會等差別。此等果報
的苦厭樂愛，千態萬狀，一一皆由業力所招
感。芸芸眾生各自作業，構成複雜的因果關
係，遂形成此世界千差萬別的現象。解釋此
等差別現象，即佛陀所說生命十二緣起的流
轉。

（3）巴利語是古代印度的一種語言，是佛陀時代摩揭陀國一帶盛行的大眾語。佛陀就是用這種語言說法的，所以弟子們也用這種語言記誦他的經教。

第二章
生命十二緣起的
流轉與還滅

　　何謂緣起？世間一切事物都是由種種因緣和合而成。因是生命的根源；緣就是生命賴以存續的各種條件。生命不是突然而有的，是由於這些相互依存的條件不斷變化而產生的。生死流轉是一個很大的課題，釋迦牟尼從經驗中覺知眾生流轉生死的原因，遂為眾生闡述十二緣起流轉門[1]，令其明白生命的緣起及痛苦產生的原因，從而依佛法修證，還滅[2]生死流轉的種種因緣，邁向超越生死苦惱、究竟常樂的無上正等正覺。

1　十二緣起的流轉門

　　十二緣起流轉門可以從粗顯（事相）與微細（理性）兩個不同的角度去分析：粗顯處就是人生由投胎到死亡的過程；微細處就是人的每一心念。無論是從人生百年或是剎那一念的角度來看，十二緣起中不斷重複的因果關係（總相）就是「無明緣行」。這是指眾生因為無明（巴利語：avijjā，英譯：insentience / ignorance）而造出種種身、語、意業，導致現世的老、死、憂、悲、苦、惱以及一期又一期的生死流轉。若要在輪迴不息的生命流轉中找一個切入點來觀察分析並不容易，卻也並非不可能，因為十二因緣流轉都能體現在人的每一心念中，所以佛法指出眾生必須修心，才能止息生死流

轉；即是主張藉着淨化自己的心靈，來達到圓滿幸
福的人生。

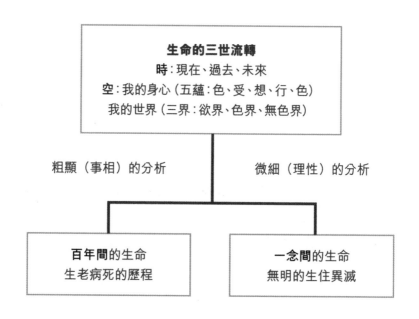

表三

2 從一念到一生皆從因緣而生

　　十二緣起闡述一期生命由生到死的歷程，也可
以顯現一念間的生滅過程。整個三世兩重因果[3]的

人生，都是由無量相續不斷，又剎那生滅的心念所構成。《華嚴經·初發心菩薩功德品第十三》云：「一切中知一，一中知一切。」這説明了作為千差萬別的現象，「一切」存在於本體的「一」念之中。生命現象儘管千差萬別，其唯心則是一致而沒有差別的，所以從現象中可知本體，從本體中可知現象，如嚐一滴海水就可知所有海水皆有鹹味。這道理令我想起英國詩人威廉·布萊克（William Blake, 1757 - 1827）一首詩的起首數行：

Auguries of Innocence

To see a World in a Grain of Sand
And a Heaven in a Wild Flower
Hold Infinity in the palm of your hand
And Eternity in an hour

純真的預言

一粒沙裏看出一個世界
一朵野花裏有一個天堂
把無限盡握於手掌
將永恆一瞬間收藏

一切生命的現象從表面上看雖然有差別，而從「唯心所現」這一角度來看，則其性質為「一」（唯心），故能互相成立而無妨礙，一即一切，一切即一，大小互融，重重無盡。華嚴宗稱之為「事事無礙法界」。

佛陀說十二緣起是為了解釋眾生流轉生死的因果關係，以及其經歷憂、悲、苦、惱的原因和過程，而不是為生命的最初源頭（第一因）提供答案。自我的存在、世界的形成和生死的流轉都是基於十二因緣而起。如果能正確透徹地理解十二緣起，便能扭轉固有執我的思惟模式，不再隨順業力的洪流而轉，在現生便能改善整個人生觀，從而修學佛法，遏止生死相續，安住於究竟清淨的真如本體。

這十二支因緣，環環相扣而又同時並生。過程並不是隔歷不融，沒有涇渭分明的先後次第；而是如同骨牌效應一樣，牽一髮而動全身。當第一塊骨牌（無明）被啟動時，另外的十一支因緣亦同時生起，互為影響。這股動力一旦展開了，便如冰川雪崩般愈滾愈大。眾生根本難以抗拒這股力量，於是不斷作業，流轉生死，輪迴於苦海之中。每一段生命都要經歷種種悲歡離合，生起憂慮、恐懼的情緒，最後承受衰老、疾病、死亡等等苦痛。

　　當眾生藉着觀察生命十二緣起流轉門而看到心與外境接觸的過程，並知悉自己的心識如何運作，才能掌握修行的下手處。若能「都攝六根，淨念相繼」，就能「轉識成智」，截斷煩惱的波濤，乃至生死的洪流，泯滅一切苦惱，讓心念回歸到原本的清淨與自在。

　　以上是生命十二緣起的流轉與還滅的略敍，下一章開始詳細探討。

註釋

（1）又稱「十二緣起」（paṭicca-samuppāda, Dependent Origination），意即令事物生起的條件與事物形成的根源，當中有一種「緣生緣滅」的必然性，即是「此有故彼有，此滅故彼滅」。

（2）還滅，即還歸於本來的清淨的覺性。「還」是歸還，「滅」指業緣滅盡而不再出現。為何說「還滅」而不單說「滅」呢？因為已生的業緣不能滅，未生的業緣必須使不再生，現在則須修學佛法，令六根不執着六塵而還歸於本來的清淨體性。《圓覺經》說：「一切眾生於無生中，妄見生滅，是故說名輪轉生死。」因六根六塵本自無我，清淨無染，但凡夫則以為有我，遂妄生貪瞋痴等煩惱而作業受報，流轉生死。若能依佛法修行，則能使六根各歸復本來清淨體性，則生死流轉的過程次第而滅，故說還滅。於十二緣起法中分為流轉門與還滅門：流轉門是造業受生死，還滅門是修道證涅槃。

（3）三世，即過去、現在、未來。兩重因果，即過
去因生現在果，現在因生未來果。請參照下
表：

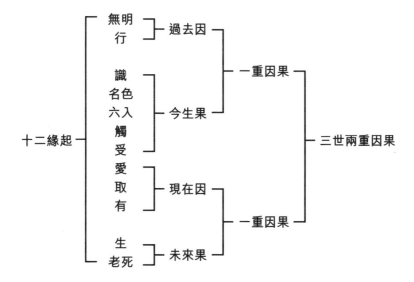

第三章
人生的第一階段：
前生至今生入胎期

人生是一場由無明[1]編織而成的夢，無奈我們無法控制夢中任何事情。正如《楞嚴經》說：「空生大覺中，如海一漚發。有漏微塵國，皆依空所生。漚滅空本無，況復諸三有？」[2]眾生因為一念無明而造業，展開了難以止息的生死流轉。但這個生命的存在，就如同海水生起的一個泡沫，即生即滅，頃刻水泡破滅了，便了無痕跡。弘大如海亦是緣生緣滅的現象，更何況一個微小的水泡呢？

人生隨着生理和心理的變化，可歸納為不同階段。眾生的心態、成長和生活經歷，三者互相影響，交織出一個接一個的生命故事，而十二緣起就是它的中軸。正如十二緣起在一念中產生，每一個人生階段中亦具足十二緣起，以下嘗試用人生各階段（表四）來分析生命的流轉：

1　生命的第一階段：
前生至今生入胎期　（無明緣行）

我已經歷過多少次生死？前世的我死後，如何投胎到今生？這一切是由誰決定的呢？

從無始以來，眾生經歷了無量世的生死相續，訴說不盡。這生命的流轉是由無明所帶動的，所以說無明緣行。緣是因緣果報的種種條件與其千絲萬

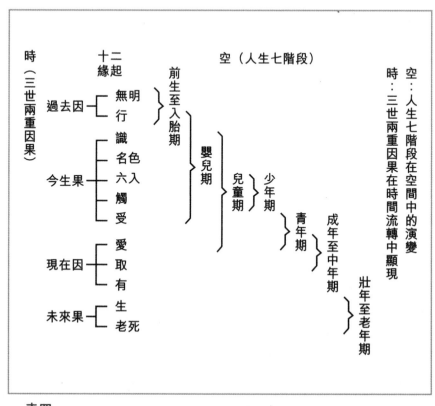

表四

縷的關係。行是指這些緣驅使眾生造作善惡等業力，而正是這些業力不斷地推動生死輪迴。這一切都是由自己的無明所造成的因果報應，所謂自作自受。《大寶積經》說：「假使經百劫，所作業不亡。因緣會遇時，果報還自受。」若世人明白此理，對於自己的行為，可不慎哉！

1.1 前世與今生之間的過渡——中陰身

人死後到投胎至下一生之間的時期，阿賴耶識[(3)]因為離開了身體，化生成一個由極稀薄物質組成的生命體，稱為「中陰身」或「中有」（梵語：antarābhava，英譯：the intermediate state between the last death and the next rebirth）。

中陰身（參見表五）狀若五、六歲小孩。這中陰身的六根——眼、耳、鼻、舌、身、意——很伶俐，就算生前是盲聾瘖啞者都變為正常了，而且能聽懂各種語言。他能看到自己的肉體，以及家人面對自己往生後的舉動，例如能聽到他們的說話，但不能與人溝通，所以內心感到很徬徨、憂鬱和迷惘。生前做了很多善業的人或修十善業者，死後直升天界，不須經過中陰身。反之，若生前做了很多惡業如五逆十惡者，死後則直接墮落地獄，同樣不須經過中陰身。

這中陰身正在等待投生，一旦因緣成熟，刹那間在冥暗中遙見一光，即其將來父母交合時產生的淫光。這時中陰身見光而生起愛欲，與淫境相合，攬取父母交合時所遺下不淨的赤白二渧。所謂赤渧即母之血（卵子），白渧即父之精（精子）。中陰身、父精、母血三境和合，第七識末那識妄執為自我，

於是投生入母胎中。這「納識成胎」的過程，《大寶積經》有甚詳細的描述：

> ……父母及子有相感業，方入母胎。
> 又彼中有欲入胎時，心即顛倒。若是男者，
> 於母生愛、於父生憎；若是女者，於父生
> 愛，於母生憎。於過去生所造諸業而起妄
> 想，作邪解心……。其時中有作此念已，
> 即入母胎。

這一切都是「因果報應，業力輪迴」的經歷。中陰身存在的時間，最長四十九天，短的只有數小時，其識神以七天為期變化一次，愈久愈感覺到迷惘，境界各各不同，但終會因為受到自己善惡業力的牽纏，投胎於六道[4]中：天、人、阿修羅、畜生、餓鬼、地獄，再開始另一次生命的歷程。

中陰身尚未投胎時，將來罪福的果報暫時未定，內心既悲哀又徬徨，無所依靠。這時，若陽世眷屬是佛教徒，大多會依佛法為亡者廣做善事，或供養三寶、或誦經拜懺、念佛迴向給亡者，使其神識藉此行善修福的功德，投生善處或西方極樂世界。這就是俗世所謂超渡、薦亡，即是以佛事如誦經向亡靈講經說法，勸導他捨惡修善，皈依三寶，放下對家屬財物等的眷戀與執着，安慰他往生善處。若家

屬過了四十九天還未為亡靈做薦亡的佛事，則中陰身已投胎六道之中，要超渡已經太遲了！

中陰身

**阿賴耶識是
生死輪迴的主體**
（去後來先作主公）
$\left\{\begin{array}{l} \text{死亡時 ── 最後離開身體（去後）} \\ \text{出生時 ── 最先投入身體（來先）} \end{array}\right\}$ **中陰身**

中陰身聯繫了生命的死與生，這是死亡後、出生前的生命形態。陽間眾生看不見中陰身，擁有天眼通的修行者，則可以看見他們。中陰身的行動極為迅速，被業力與慾望帶動而生存。如同一般眾生，它擁有完整的身體與五蘊，不過體形如小孩般高，但是其行動不會被實際的物質所阻礙。中陰身與中國民間宗教所說的鬼並不相同，因為中陰身不具有生前的實質形象，是一種細微稀薄物質，其行為不能改變周遭事物的狀態。中陰身依靠香味為食，它保持其形態的時間也不會太久，最長不過四十九天，很快就會投生到下一世去。

表五

註釋

（1）無明眾生因迷昧真理而造出種種身口意業，導致現世的老、死、憂、悲、苦、惱以及一期又一期的生死流轉。

（2）白話文簡譯：「虛空在我們的大覺心中，就好像海面湧出的一個水泡而已。這充滿煩惱的世界皆依虛空而生，空性如水泡，有生必有滅。水泡滅了，虛空本無所謂其生滅，更何況依虛空所生的三有（欲界、色界，無色界）。焉有其真實存在的道理？」

（3）阿賴耶識（ālaya-vijñāna, storehouse consciousness）亦名一切種子識。它蘊藏着前七識一切種子，是一切有情眾生的總報主體，俗稱「靈魂」。生時這識最先來投胎，死後最後才離開身體，帶着無始以來所作的一切業力，不斷投生在六道輪迴生死苦海之中。

（4）六道：地獄、畜生、鬼、人、天、阿修羅等，
有善惡等級之別。粗略來講，極惡者下地獄，
次惡者投畜道或鬼道。極善者生天，次善者投
人道或阿修羅道。

第四章
人生的第二階段：
胎嬰期

上一章講到生命十二緣起的無明緣行，本章繼續解釋行緣識，識緣名色，名色緣六入，這是生命的第二階段。

1 十二緣起流轉門之第二：行緣識

眾生因為無明（如貪、瞋、痴、慢、疑、惡見等）而造出種種身、語、意三業，導致一世又一世的生死流轉。這「行」業帶動神「識」不斷地投胎在六道之中。當中陰身投入母胎時，它已經從非肉眼所能見的阿賴耶識轉為胚胎了。

人生的存在，都是在心識的主導下，從事一切活動。透過心才能認知萬物，所以心識的作用最為重要。世間的清淨和污染，不是本身如此的，而是由於心的染淨所造成。我們的內心清淨，所造成的世界一定清淨；內心污染，所造成的世界一定穢惡。可見世間的染淨，是由心識決定的。心為一切善惡苦樂的根本，心能主宰一切，控制一切。從唯識學的角度看，人有八識（梵語：aṣṭa-vijñāna，英譯：the eight consciousnesses）：眼識、耳識、鼻識、舌識、身識、意識、末那識及阿賴耶識。當你起心動念時，心內即有貪、瞋、痴、慢、疑、惡見、忿、恨、覆、惱、嫉、慳、諂、憍、誑等「煩惱心所」，或信、慚、愧、無貪、無瞋、無痴等「善心所」生起。這些「心

所」輔助八識攀緣外境而生執取，起憎、愛、取、捨等感受，繼而作善、作惡，招感苦樂業報。

當眾生死後，一切業力全歸納於阿賴耶識中；投胎的主體亦是阿賴耶識，所以《八識規矩頌》說第八識是「去後來先作主公」。

2 十二緣起流轉門之第三：識緣名色

何謂「識緣名色」呢？阿賴耶識投生在母腹中成為了胚胎（身體的雛形）。這胚胎就是「色」。所謂「色」（rūpa, form / body），即指身體，或泛指六識（眼、耳、鼻、舌、身、意）所能感覺的事物。（參第一章註四）「名」是指一切事物的名字（nāma, names）。胎嬰的身體各部，乃至出生後所感受、認知的一切世間人、事、物皆有名字。將「名」、「色」連貫起來解釋識緣名色：阿賴耶識變為胚胎。這雛體不斷發育成長，稱為「色」，其各部份皆有名稱，故曰「名」。

2.1 《大寶積經》詳述胚胎成長過程

在生時，前六識有明確的身根器，即眼根、耳根、鼻根、舌根、身根、意根。但在胚胎時，前五根的形狀甚為模糊，尚待發育。經中闡述這成長過程甚

為詳細。《大寶積經‧佛為阿難説處胎會第十三》説：「……如是之身，處在母胎，凡經三十八七日（按：即三十八個七日，亦即三十八週），方乃出生。……」以下列舉其中五週胚胎成長的過程，以供讀者參考，可知早在二千五百多年前，釋迦牟尼佛已對胚胎學（Embryology）有甚詳的講述：

　　第一七日處母胎時，名歌羅邏。身相初現，猶如生酪。七日之中，內熱煎煮，四大[1]漸成……

　　第二七日處母胎時，所感業風，名為遍滿。其風微細，吹母左脅及以右脅，令歌羅邏身相漸現，狀如稠酪，或似凝酥。內熱煎煮，便即轉為安浮陀身。如是四大漸漸成就……

　　第八七日處母胎時，復感業風，名為翻轉。由此風力，二十相現：所謂手足二十指相而便出生，如天降雨，樹木枝條，漸得增長……

　　第九七日處母胎時，復感業風，名為分散。由此風力，現九種相：云何為九？所謂眼耳鼻口、大小便處，名為九相……

第十九七日處母胎時，由前風力，眼、耳、鼻、舌四根成就。初入胎時，已具三根：一者身根，二者命根，三者意根。如是諸根，悉已具足……

第三十八七日處母胎時。復感業風，名曰拘緣。由此風力即便迴轉。復有一風，名為趣下，能令其身頭向於下，長伸兩臂漸欲出生……[2]

胚胎在發育成長時擠迫在母腹中，猶如活在血污池內，心內對住處的不淨、臭穢與黑暗，產生無量的困惑與苦惱。《大寶積經·佛說入胎藏會第十四》有云：

若母多食或少食，[胚胎] 皆受苦惱。如是若食極膩，或食乾燥、極冷、極熱、鹹淡、苦醋，或太甘辛，食此等時，[胚胎] 皆受苦痛。若母行欲，或急行走，或時危坐、久坐、久臥、跳躑之時，[胚胎] 悉皆受苦。

以上是從狹義（從胚胎雛形來說）解釋名色。若從廣義來說，必須配合胚胎出生後，漸漸發育成為嬰兒而產生六入（巴利語：saḷāyatana，英譯：the

3 十二緣起流轉門之第四：名色緣六入

胎兒將自己的一切身心所能發動的業力，應對在母腹內牢獄般的生活，以致他們前七識的成長是模糊、懵懂與恍惚的，所以把前世的事都忘卻了。當嬰兒出生後，由於經過三十八週在母腹中的囹圄苦惱所影響，所以心識是迷惘的，對周圍的情況一無所知。母親要教他一切事物的名字，他才能有所認知。

嬰兒此時的六根與六識已經齊全。所謂六根，即眼、耳、鼻、舌、身、意；六識（亦名六入），即眼識、耳識、鼻識、舌識、身識、意識。

這時嬰兒的六識對外界的六塵，即色、聲、香、味、觸、法，只有單純直接的感覺。他還沒有言語與思想。為甚麼沒有言語與思想呢？因為腦子裏尚沒有名（名稱）和色（名稱所標示的人、事、物）的概念。《瑜伽師地論》云：「謂一切法名為先故想，想為先故說。」先有種種「名句」，我們的內心才會思想，因為人腦對客觀事物的認知，是要透過名詞來標示和記憶的。試想，若一切事物沒有名稱，我們怎能認知與思惟呢？如果不能認知名稱，怎能

言說呢？當嬰兒尚未懂說話的時候，母親沒有教導他種種名句，他雖有六識，亦不會思想。隨着嬰兒逐漸成長，與外界接觸，開始建立初步的自我意識。例如能認出鏡子裏自己的身體，並且將身體等同於「我」。身體是色，「我」是名。如此便生起名色，並同時產生了有一個「我」存在的見解（我見）。嬰兒是透過六入去認知一切人、事、物，所以說名色緣六入。

佛教認為人的現世生命是從中陰身開始的，歷經種種緣份的結合，如父精母血，三十八週地水火風的成長，再加上前生的業緣，遂建構出另一個新的身體，再次經歷一期生、老、病、死的生命流轉過程。

我們必須從十二緣起的流轉理解到人生的無常與苦空 (3)。生命是由種種無明業力種子的熏習而產生的，是因緣和合與無常變化的短暫存在。我們不要執着於自己五蘊假合的色身，造作種種貪瞋痴的業行，遭受無量痛苦，必須依佛法修行，超越生死輪迴，證入無上正等正覺。

註釋

（1）人體經由地、水、火、風「四大」因緣和合而成。

地大：堅性的原素，如毛、髮、爪、齒、皮、肉、筋、骨等；

水大：濕性的原素，如唾涕、膿血、痰淚、大小便等；

火大：熱性的原素，如體溫；

風大：動性的原素，如流動的氣體。

人之所以能生存，就是因為四大和合，如果身體有一大不調合，就會呈現病相。若四大皆衰敗則死亡，所以緣聚則成，緣散則滅。

（2）《佛說胞胎經》亦有這三十八個七日中胚胎生長狀況的詳細描述。

（3）空是緣起性空的簡稱。所謂緣起，就是說，世間上沒有不依靠各種因緣（條件）而能獨自生起、獨自存在的事物，也沒有常住不變的事物（故說無常）。一切都是因緣和合而生起，因緣份散而滅掉。凡夫不了達空理，在其攀緣五欲──財、色、名、食、睡──的過程中，執着一切事物為實有，遂生我見、我愛、我慢、我痴的心識，廣造眾業；因作業而受報，輪迴生死苦海。

第五章
人生的第三階段：
兒童期

1　十二緣起流轉門之第五：六入緣觸

先有名句，才能有思惟；先有思惟，才能有說話。這名就是一切人事物的名稱；色是這些人事物的相狀；六入是感受一切外境的六根。換言之，即是六根讓外境流入心識，遂與心所法[1]互動，產生以後種種觸緣受、受緣愛、愛緣取、取緣有、有緣生、生緣老死的生命流轉。

嬰兒逐漸長大，通過六入接觸周圍的名色（人、事、物），即是名色緣六入。舉例：眼睛看到母親的臉孔，耳朵聽到母親的音聲，鼻子嗅到母親餵食的奶飲，舌頭嚐到奶味等，都是名色緣六入，遂產生了對外境的認知與接「觸」（巴利語：phassa，英譯：cognition）。這過程就是六入緣觸。

2　十二緣起流轉門之第六：觸緣受

觸是一個頗長的認知階段，由嬰兒期，經過兒童期、少年期、青年期、成年期，都產生這由觸而引起的重複認知（recognition）。上一章我們談到，人的精神主體是八識。前五識其實就是生理學上所稱的五種感覺器官和神經系統。第六識意識是各人心理綜合的互動中心。第七識末那識是與生俱來的「我執」識，是意識所依的根。第八識阿賴耶識，是宇宙萬法

的本源，一切皆由此識而生。死亡時阿賴耶識最後離開身體，而投胎時最先投入母體。這八識「心王」與五十一個「心所」（cetasika, concomitant mental functions）相應。在嬰兒期和兒童期，最活躍的是「遍行心所」的觸、作意（attention）、受（feeling），與「別境心所」的欲（desire）、念（memory）。

觸有認知的意思。當媽媽拿着奶瓶對寶寶說「喝奶奶」，寶寶就會認知到奶瓶這個東西，對奶瓶的名稱及其形相有了認識，並天天重複認知而產生了記憶。每當奶瓶這個物件出現，他就會嚐到甜暖的味道，身體會有飽腹的滿足感，於是他對奶瓶的認知是快樂的感受，這就是觸緣受。受有苦受、樂受和不苦不樂受。當寶寶生病，要吃藥水，他便會認得舀藥水的茶匙，這個物件會為他帶來苦受。認知了外境（色塵）之後就生起了分別心，喜歡順境（如飲奶時或身體舒適時），不喜歡逆境（如肚餓或身體不適時）。這時就產生了憎與愛的苦樂感受。

嬰兒漸長成兒童，他們接觸和認知一切外境會產生的種種愛（喜歡）與憎（不喜歡）等感受，然後又衍生貪取與擁有的執着，遂展開了以下生命十二緣起的受緣愛、愛緣取、取緣有等等的流轉。不過嬰兒時期只是開始用感官認識外界，活動只有吃和睡，大腦及身體機能正在發展，雖然有苦受、

樂受，但作用力不強，所以引發的愛、取、有亦較弱，內心比較平靜。

眾生的煩惱，都是在憎與愛中滋長而成的，所以禪宗第二祖僧璨在《信心銘》說：「至道無難，唯嫌揀擇。但莫憎愛，洞然明白。」尋求真理，修證無上正覺，必須去除憎愛，無奈這妄心自小已根深蒂固地養成，將來如果能有緣修學佛法，以平等無分別心看待一切，自然就能契入正覺。

3　精進修行
學習以平等無分別心看待一切

從以上所述人生的三個階段：胚胎期、嬰兒期與兒童期，我們看到了佛法帶來的啟示：佛教的因緣果報、業力輪迴，無常苦空等哲理，不是一種消極的宿命觀，而是着重靈性的精進修行，也可以說是一種生命教育[2]——指導父母在未懷孕之前，要不斷地修慈悲觀、般若觀，提升自己的心靈質素，從而招感相應的生命入胎，也可算是一種胎前胎後的教育。

佛教對胚胎成長的闡述，徹底揭露了眾生病徵的本質與痛苦的淵源，鼓勵我們：若要從三界六道輪迴的痛苦煩惱中解脫出來，必須淨化業力，精進修持戒、定、慧，致力於心性清淨的解悟，才能成就無上正等正覺。

註釋

（1）五十一心所法 （見下表）

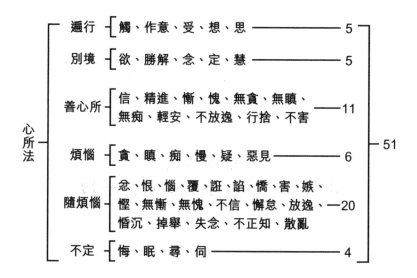

```
        ┌ 遍行 ┬ 觸、作意、受、想、思 ─────── 5 ┐
        │      └
        │ 別境 ┬ 欲、勝解、念、定、慧 ─────── 5 │
        │      └
        │ 善心所 ┬ 信、精進、慚、愧、無貪、無瞋、        │
        │       └ 無痴、輕安、不放逸、行捨、不害 ─ 11 │
  心      │                                           ├ 51
  所 ────┤ 煩惱 ┬ 貪、瞋、痴、慢、疑、惡見 ─────── 6 │
  法      │      └
        │ 隨煩惱 ┬ 忿、恨、惱、覆、誑、諂、憍、害、嫉、  │
        │       │ 慳、無慚、無愧、不信、懈怠、放逸、─ 20│
        │       └ 惛沉、掉舉、失念、不正知、散亂      │
        │                                            │
        └ 不定 ┬ 悔、眠、尋、伺 ─────── 4 ┘
               └
```

心所法指心的所緣境。與心相應俱起的法，有五十一種，分為六位：遍行有五、別境有五、善有十一、煩惱有六、隨煩惱有二十、不定有四。當心識在運作時，凡與心識同時發生互動的各種法皆可稱為心所法。其功用是作為心的對象，支持心的運作。例如，當我們面對一束花的時候，眼識心王緣取花的概觀，心所則不但同時緣取花的概觀，而且能緣是紅、是白、

是多、是寡等細相，進而產生貪愛的煩惱；當耳識心王緣取別人聲音發出的責罵，心所則不但同時緣取責罵的內容、且能產生忿怒。如此類推。

（2）通過生命教育，使學生認識人類自然生命、精神生命和社會生命的存在和發展規律，認識個體的自我生命和他人的生命，認識生命的生老病死過程，認識自然界其他物種的生命存在和發展規律，最終樹立正確的生命觀，領悟生命的價值和意義；要以個體的生命為着眼點，在與自我、他人、自然建立和諧關係的過程中，促進生命的和諧發展。（網上資料）

第六章
人生的第四階段：
少年期

生命的十二緣起與人生七階段

表六

生命十二緣起從無明緣行、行緣識開始,直到生緣老死,又重新回到混沌無明。每一環節不是各自獨立發展的,而是互為緣起,息息相關地輪轉,猶如骨牌效應中連綿不絕的動力,內含着千絲萬縷的因果關係。

1 十二緣起流轉門之第七、八: 受緣愛、愛緣取

受(巴利語:vedanā,英譯:feeling / sensation)有領納之意,是六根領納外境六塵而生起感受的作用。受可分兩種:身受和心受。

一、身受是我們對外境所產生的感覺。這些感覺又可再細分為苦受、樂受和不苦不樂受。感受逆境名為苦受;感受順境名為樂受;感受非順非逆境為不苦不樂受。通常樂受令人產生貪心,苦受令人產生瞋心,而不苦不樂受令人產生痴心。這三受會生起三愛:欲愛、色愛、無色愛[1]。

二、心受是意識對外境所生起的情緒。意識領略順境所生者為喜,領略逆境所生者為憂受。苦樂

二受的感覺較弱，而憂喜二受之感覺較強。

不少人因貪受五欲（財、色、名、食、睡），執取樂受與喜受，造作種種業力，遂因業力的牽纏而受報。

1.1 愛是受引發的情緒反應

眾生的習性是憎厭苦受，喜歡樂受，漠視不苦不樂受。受緣愛，即是說受會生起愛（taṇhā, emotional reaction）。這愛的含義甚廣，並非單指喜愛或情愛，而是包括了一切受後的情緒反應。當我們的六根應對六境時，六境在外，是客觀的；感受在內，是主觀的。我們對客觀的經歷生起了主觀的感受（如憎愛、妒嫉、忿恨、憍慢、疑惑、懊惱、愛慾、痴戀等），便下意識地將種種情緒反應當作「我」的感受，遂生起一切我執。這我執就是取（upādāna, attachment / clinging），即是將感受外境的經歷個人化（personalization），於是一切的人我對立、是非愛恨等概念構成了「我」，即佛教所講的我相，而我所愛的，就成為我所[2]。

1.2 愛緣取而以為有「我」

受與愛生起時，我相及我所亦自然而生。一般凡夫所說的「生命」，其實由五蘊組合而成。色蘊指眼、耳、鼻、舌、身，即生理機體，屬於物質界，由四大所組成。受、想、行、識四蘊屬於精神界。受蘊是對外境的感受作用；想蘊是感受時的想像作用；行蘊是感受想像後而引發的思惟造作；識蘊是對境認知了別事物的心識總體。凡夫認為的「我」其實就是五蘊的組合體，以為是真實存在的，所以五蘊就是「我」。這我見[3]是根本煩惱。

孩子漸漸長大，從五、六歲至十二、三歲時，六根能分別六塵中的好惡境界，這時受緣愛的作用愈來愈強。從十四、五歲至十八、九歲時，少年開始貪圖享樂等境界，但是未能廣遍追求，愛緣取只是漸長，但尚未起貪淫之心。隨着孩子步入青春期，人際關係擴闊，開始學習社會規範，他會融入人群，不想被孤立，希望得到被接納和認同。年輕人在這個階段很容易受朋輩影響，例如會跟隨朋友玩某個網絡遊戲，或用某種潮流產品。同時，因為身體漸長，荷爾蒙發育，令身體出現很大的變化。進入青春期的孩子開始對愛情產生憧憬，對自己的外表非常着緊，對別人的看法很敏感，此時「觸緣受，受

緣愛，愛緣取」三者會比較明顯。

　　凡夫由受、愛、取而生我執，自然迷於我所，遂生貪、瞋、痴、殺、盜、淫、妄、惡口、兩舌、綺語等惡業，因業力纏垢而受報，流轉於三界六道輪迴之中。

1.3 小結：諸行無常，諸法無我

　　從以上所述人生的第四階段，佛法讓我們得到以下啟示：

　　一、從時間的角度去分析，萬物皆是遷流變化而剎那生滅的，故人有生、老、病、死；物有生、住、異、滅；世界有成、住、壞、空。諸行無常，佛法教導我們要觀無常法以破自己的常執。

　　二、從空間的角度分析，諸法仗因託緣而現生滅相。宇宙萬物尚無獨立自主的實體可言，更何況渺小的自我？凡夫沒有永恆、獨立、自主的實我體性，只有剎那變易的五蘊身心。諸法無我，佛法教導我們要觀無我法以破我常。

　　三、如能了解無我，依佛法修行戒、定、慧三無漏學，則能漸漸降伏煩惱，令惑業不起，證入諸

法實相，寂靜涅槃。

　　諸行無常，諸法無我，寂靜涅槃，是佛法的三法印。（詳見第一章）

註釋

（1）愛可分為欲愛、色愛、無色愛（亦名欲愛、有
　　愛、無有愛）
　　　一、欲愛：對欲樂產生的愛取，是一種對於感
　　　　　官（六根）及其帶來快樂感受的愛。這是
　　　　　屬於欲界的愛執；
　　　二、色愛：色界眾生的愛執；
　　　三、無色愛：無色界眾生的愛執。

（2）我所，即我之所有、我之所屬之意。以自身為
　　我，並謂某事物等皆為我所有的觀念。

（3）我見，即執着色身為我，執着我有色身，執着
　　我有感受，執着這些感受是我所有的。

第七章
人生的第五階段：
青年期

從修行的角度來看，生命十二緣起的流轉是佛法中一種修心的觀法（巴利語：vipassanā，英譯：introspection）。修行者常觀此法，即是不斷思惟生命緣起的真相。久而久之，若純熟了，會生起無常、苦、空、無我的「觀照般若」[1]。但觀照「純熟」與否，建基於是否能對觀法理路清晰不忘，而且要時常練習觀法才有效。為了讓讀者易於作觀，我們不嫌累贅，將前六章講過的十二緣起與人生七階段之要點重複於下文（參表七）。

1 十二緣起流轉門之第七、八：受緣愛、愛緣取繼續衍生

青年期是探索與發掘自我的時期，這時受緣愛及愛緣取在年輕人身上的作用特別強烈。

在這段期間，年輕人開始探索世界。他們會嘗試各種新事物，認識更多新朋友，跌跌宕宕地找尋自己需要的快樂與刺激。不同的人追逐不同的感受：有些人追求事業帶來的榮華富貴和優越感，有些人享受戀愛帶來的浪漫溫馨和安全感。

1.1 愛不重不生娑婆

其實，正如古德云：「愛不重不生娑婆」，凡

人生階段	十二緣起流轉門
前生至投胎期	**無明緣行，行緣識，識緣名色** 眾生由於一念**無明**（生起貪、瞋、痴、慢、疑、惡見等）而造作種種身、口、意三業**行**。這行業帶動神**識**不斷地投胎在六道中，這都是過去的因。現世投生母胎成為胎兒（**色**）身，其身心所感受的一切人、事、物（**名**）演變及延續，遂生起以後人生種種因果關係。
胎嬰期	**名色緣六入，六入緣觸，觸緣受** 嬰兒的六入（眼、耳、鼻、舌、身、意）不斷成長。**觸**是一個頗長的認知階段，由嬰兒期，經過兒童期、少年期、青年期、成年期，都產生這由觸而引起的重複認知。接觸和認知一切外境會產生種種愛（喜歡）與憎（不喜歡）等感**受**。
兒童期	**受緣愛，愛緣取** 透過六入接觸周圍的名色（人事物），遂產生了對外境的認知、接觸與感受。然後又衍生貪**愛**與貪**取**的執著，遂展開了以下生命十二緣起的受緣愛、愛緣取、取緣有、有緣生、生緣老死等等的生命流轉。
少年期	**受緣愛，愛緣取**繼續衍生 對一切色、聲、香、味、觸、法生起貪愛（樂受）或憎厭（苦受）。受與愛生起時，我相及我所亦自然而生。凡夫由受、**愛**、**取**而生我執，自然迷於我所，遂生貪、瞋、痴、殺、盜、淫、妄，惡口，兩舌，綺語等惡業，因業力垢纏而受報，流轉於三界六道輪迴之中。

表七

70

夫因為宿世愛欲業力的牽纏，才投生到這娑婆世界來。不是報恩還債，就是報怨討債。佛經說愛欲是煩惱的根源。自古以來，不少男女被情所困，為愛成痴，遂衍生怨憎仇恨的悲劇。情侶、夫妻之間互相執着的愛情，佛經稱之為「恩愛」。世人沉溺於愛情之中，因而為「恩愛」所縛，不得解脫，輪迴於六道之中。《法苑珠林》說：「流轉三界中，恩愛不能脫，棄恩入無為，真實報恩者。」佛教認為世人應捨棄恩愛而趨入佛道，能入佛道方為真正的報恩。

愛情是欲界凡夫與生俱來的業力本能，但是愛情有染污的、有純潔的、有佔有的、有奉獻的。萬物之柔，莫過於水。愛情如水，但水能載舟，也能覆舟。愛情如處理得妥當，可以激發人性的真善美；相反來說，如果愛得不當，譬如愛的觀念舛錯，動機不正，方法低劣，則不但會使雙方產生煩惱與痛苦，甚至會因愛而生恨成仇，導致身敗名裂，家庭破碎。因此佛教認為染污、佔有、自私、執着的情感，是學佛者的障礙。

因此佛教主張在家學佛者，必須以慈悲去運作感情，以理智去淨化我執，以禮教去規範友情，以道德去消解愛欲，這樣才能體驗更豐富，更雋永的家庭生活。

1.2 有愛必有取

至於愛緣取，凡是有愛必有取。取者，即執取、執着或我執。在現實生活中，蒙昧事理，執持我見，延禍別人的個案甚多。我執能令暴躁者變得更衝動，憂鬱者更消沉，懦弱者更頹喪。根據佛經，因執着自己的感受而生起的煩惱，最普遍有二十種：忿、恨、覆、惱、嫉、慳、誑、諂、害、憍、無慚、無愧、掉舉、惛沉、不信、懈怠、放逸、失念、散亂及不正知。凡夫是因為執着這些煩惱而造出殺、盜、淫、妄語、綺語、惡口、兩舌等罪業，因罪業的垢纏而輪迴生死。

我們應如何消除這些執着呢？當逆境現前時，如事業失敗、工作逆意、家庭吵鬧、朋友反目等，必須立刻將感受放下，不要執着它，先冷靜下來，所謂「心地清淨方為道，退步原來是向前」，這樣並非消極懦弱，而是積極地熄滅當下熾然的執着心，令它回復到自己本具的智慧上。

禪門有句諺語：「制心一處，無事不辦」，只要能制止執着心，然後再運用般若智去分析逆境，觀一切事物是由因緣聚合而生，因緣份散而滅，無獨立永恆的自性，其性本空。如此，則可漸漸體驗無我觀了。

註釋

（1）般若（梵語 prajñā，英譯：wisdom），意思指無上的智慧。其性質有四種：一、方便般若——是渡生的智慧，能隨機應化，廣結善緣，勤修萬行，普渡眾生；二、文字般若——是解悟的智慧，能聽聞聖教，閱讀經典，誦習梵唄，啟發智慧；三、觀照般若——是實踐的智慧，能隨眾熏修，解行相應，實踐親證，趣向菩提；四、實相般若——是成佛的智慧，言語道斷，心行處滅。依此修習能親證無上正等正覺。若從唯識學的角度說，這時俱生我執與俱生法執已經徹底斷滅，證入解脫道。八識已轉成大圓鏡智。大圓鏡是譬喻智體清淨，離一切有漏雜染之法，顯現萬德之境界。佛果的圓滿智慧如大圓鏡，顯示自體時，能攝持無盡功德；普渡眾生時，能映現世界萬物。

第八章
人生的第六階段：
成年至壯年期

1 十二緣起流轉門之第九至十一：
取緣有，有緣生，生緣老死

當我們的六根應對六境時，六境在外，是客觀的，感受在內，是主觀的。我們對客觀的經歷生起了主觀的感受，如憎愛、妒嫉、忿恨、憍慢、疑惑、懊惱、愛慾、痴戀等，便下意識地將種種情緒反應當作「我」的感受，遂生起一切我執。這我執就是取，即是執着種種自己的感受為我受。這「我」的實質是甚麼？凡夫認為這「我」是生存在空間與時間之內的身體，即是有(巴利語：bhava，英譯：self)。

何謂取緣有呢？凡夫執着有這個所謂「我」而認為「我」就是我的生命，即是佛經上所講的執着五蘊為我。「我」就是五蘊的組合體，是存在的，所以凡夫認為五蘊就是我。此「我」有精氣實體，從出生到死亡都存在着。這有我的見解是根本煩惱。凡夫內執於「我」，自然外執於我所（擁有的），遂衍生種種煩惱，造出貪，瞋，痴，殺，盜，淫，妄，惡口，兩舌，綺語等惡業，因業力垢纏而受報，流轉於三界六道輪迴之中。

何謂有緣生？從空間的角度看，我人所佔有的空間——以長寬高衡量，在浩瀚的宇宙中，渺小短

暫猶如滄海一漚而已。古人云：「縱有良田萬頃，不過日食三斗；縱有廣廈萬間，不過夜宿一床。」若從時間的角度看人生，有過去、現在、將來三個境況。過去因無明而投生，既有生（jāti, birth）；將來必會有死（maraṇa, death）。現在呢？在出生與死亡之間的生命時間中，我們的身體現在會經歷的是衰老（jarā, aging），誰也不能幸免。這就是生命十二緣起流轉中生緣老死的現實！

生命的成年期至壯年期（約由二十一歲至六十歲間）是人生經歷中最繁重的階段。何以故？青少年時期是人生較美好的時段，無憂無慮，有祖輩的溺愛，父母的呵護，但隨着步入成年及壯年期，由於人事關係比以前複雜，個人理想與現實產生差距，自己的欲望熾盛，並經常與別人攀比，家庭與工作的壓力漸增，衍生愈來愈多煩惱。

當人成年後，其家庭、工作、事業所負擔的責任、期望與協調，愈來愈明顯與沉重。這時的特徵是取：貪求名利者不斷地執取，為此奮鬥、拼搏，渴望擁有更多；追求愛欲者不停沉淪在嗜好、幻想與痴迷中。當然，其中亦有賢能者努力耕耘，成就輝煌事業，建立幸福家庭，回饋社會。

1.1 煩惱多從親眷的怨懟而來

在眾多煩惱中，大多數都是從家庭中親眷的怨懟而產生的。《梁皇寶懺》有云：「一切眷屬，皆是我等三世怨根。一切怨對，皆從親起。若無有親，亦無有怨；若能離親，即是離怨。」眷屬是指父母、兄弟姐妹、夫妻、子女，當然亦包括婆媳、姑姨、叔伯等親眷。怨懟是指在相處時所引起的不滿、嫌恨、觸惱、鬥諍、責望、懷疑、嫉妒等種種不協調的人事關係。世間一切事情，都是由種種因緣和合而生起的。家庭的煩惱是人生八苦中的怨憎會苦[1]，是涉及三世的，故佛經名之為三世怨懟。從現在世的層面來說，親眷中的怨懟，是由於累積了不少人事的矛盾和衝突，例如因各人不同的性格、習慣、教育、工作壓力、家庭經濟、居住環境等事所引起的問題。

眾生都是具縛凡夫，雖至親至戚，各有脾氣習性，倘若缺乏忍讓，就很容易生起貪瞋痴等煩惱。《梁皇寶懺》說：

> 所以親戚眷屬，亟生責望，或父母責望於子，或子責望父母。兄弟姊妹，一切皆然，更相責望，更相嫌恨。小不適意，

便生瞋怒。若有財寶，親戚競求，貧窮之
日初無憂念，又得者愈以為少，愈得愈為
不足。百求百得，不以為恩。一不稱心，
便增忿憾。

所謂責望，即是責備和期望。這責望有物質上
的，如要求更多的資財、產業；有感情上的，如期
望全情的關懷、敬愛。

六親眷屬，各有天倫所賦予的責任。如夫妻要
有相敬之情；兄弟要有互助之義；父母要有教育之
責；子女要有盡孝之德。這責任是一種無形的承諾，
引起了彼此的責望。但是，在現實生活中，這些承
諾都未必能一一體現，就算體現了，也未必令對方
滿意啊！因為，無論物質或親情，得者愈以為少，
愈得愈為不足。所以，大多數家中的怨憎煩惱，都
是由互相責望而起的。

一個幸福的家庭，不是建立在物質與利益上的。
不管貧富，大家要有感恩與珍惜的美德。所謂感恩
與珍惜，是對生活上的一粥一飯，家人的共聚無缺，
要有當思得來不易的心情。佛經教導我們要以怨親
平等[2]的心態去處理這種苦況。對於舊恨，心感無
怨，要作樂意去還債或報恩想；對於新怨，忍讓包
容，即是以慈悲為本。

註釋

（1）佛經所説人生八苦是生苦、老苦、病苦、死苦、
　　愛別離苦、怨憎會苦、求不得苦、五陰熾盛苦。
　　怨憎會苦指所憎惡的人或事，欲其遠離，往往
　　反而共聚。《阿毗達磨大毗婆沙論》云：「不
　　可愛境與身合時，引生眾苦，故名非愛會苦。」
　　意即不可愛的對境常常發生在自己身上，或者
　　自己眼前，引生種種身心的痛苦。

（2）對不喜歡（怨）或喜歡（親）的人一視同仁，
　　無有厚此薄彼的分別。

第九章
人生的第七階段：
壯年至老死期

1 十二緣起流轉門之第八至十二：
愛緣取，取緣有，有緣生，
生緣老死，老死緣無明

生命從出生走到死亡，當中我們的身體必須經歷衰老，誰都不能幸免。《梁皇寶懺》云：「……念世無常，形不久住，少壯必衰……萬物無常，皆當歸死。」

何謂生緣老死呢？這生不是狹義地單指呱呱落地時的嬰兒生命，它是從廣義的角度來說——人生從無明緣行，行緣識，識緣名色，名色緣六入，六入緣觸，觸緣受，受緣愛，愛緣取，取緣有，有緣生，直至生緣老死，經歷了整個蛻變的過程。凡夫在受緣愛開始就牢牢地執我，既執着有「我」這身心，就自然有我執所衍生的種種受、愛、取等痛苦與煩惱：

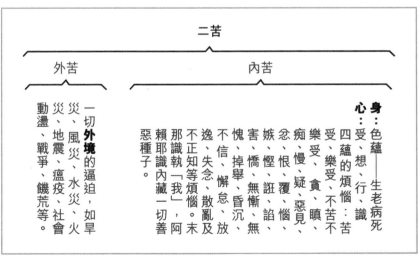

表八

1.1 人生總是充滿缺陷，快樂更如草上露珠

整個生命十二緣起的流轉，到老死的憂悲苦惱中結束，死後又帶着無明投胎，回到另一輪迴的重新開始。人在流轉當中完全不由自主。在這個如夢的人生中，又因為無明而做出各種身口意行為，行為產生業力，又帶動下一期生命的誕生。人由出生至老死都是在迷夢中度過，其實這個「我」從來都沒有存在過，更別說擁有過甚麼。這個「我」只是在十二緣起中流轉，一切都是隨因緣和合而生，亦由因緣份散而滅，並無真實自性。正如明朝的憨山大師在其《醒世歌》向世人開示：「榮華終是三更夢，富貴還同九月霜。老病死生誰替得，酸甜苦辣自承當。……生前枉費心千萬，死後空持手一雙。悲歡離合朝朝鬧，富貴窮通日日忙。」

生命是不完美的，活了數十年，經歷了人生的甜酸苦辣後，到頭來亦不可迴避老與死。究竟生命的意義何在？有不少人說，佛經所講的無常苦空、生老病死等道理，是否對人生看得太悲觀消極呢？我們一生中亦有很多快樂的時光啊！擁有財富、健康長壽、妻賢子孝、兒孫滿堂的人，不是很快樂嗎？其實，這些所謂快樂，是短暫的，生命是無常的。常言道：「生不帶一文而來，死亦不帶一文而去。」

財富名利，永無久享。人有悲歡離合，所謂「天下無不散之筵席」，妻兒子孫最終亦會各自分離。

有些人認為「今朝有酒今朝醉」就是快樂，於是從青年到壯年，乃至老年，都陶醉於感官上的刺激享受。眼看到美色，耳聽到悅聲，鼻聞到芬香，舌嚐到滋味，身處於物欲享樂，意識感受到喜悅就是快樂。其實，很多時執着眼、耳、鼻、舌、身、意六根感官的刺激歡樂，往往只會帶來無限的痛苦。眼看到美色而欲念衝動時，就會做出邪淫的行為；耳聽到別人的批評或謾罵時，就會生起瞋恚；舌嚐到不合意的食物時，就會惱怒；意識執着貪、瞋、痴時，就會激發罪惡的行為。因此六根感官所產生的快樂是短暫的，而且還有負面作用。這些隨時會種下惡因的樂事，是將來受報時痛苦的根源。由此可知，快樂並不是來自感官上的刺激享受。

《妙法蓮華經》說：「三界無安，猶如火宅，眾苦充滿。」我們這個世界，叫做娑婆世界。娑婆是梵語 sahā 的音譯，意義是堪忍，即是說這世間充滿痛苦，而眾生活在其間，習以為常地忍受着。其間當然亦有快樂，但是世間上的快樂是短暫無常的，這並不是悲觀的人生態度，而是人生的實相。凡有情的眾生都希望得到永恆的快樂，但是如果老、病、死、愛別離苦、求不得苦、怨憎會苦和五陰熾盛苦

的荊棘滿佈在生命的路途上，我們又怎會感到快樂呢？

1.2 阿賴耶識隨善惡業力不斷流轉投生

自古以來，無人能擺脫生老病死的纏縛。人死後，不一定都成為鬼。佛經說，眾生在壽盡命終之後，必然隨着過去世和現在世中所造的善惡業力而投生於六道之中。粗略而說：生前修上品十善者投生天道，中品十善者投生人道，下品十善者投生阿修羅道，犯上品五逆十惡者投生地獄道，中品五逆十惡者投生鬼道，下品五逆十惡者投生畜道[1]。

阿賴耶識是生命的總報體。當眾生死後，一切業力全歸納於阿賴耶識中；投胎的主體亦是阿賴耶識。《八識規矩頌》說它是「去後來先作主公」。當這生命結束時，它是最後離開身體的，所以說「去後」；當這神識投胎到另一期新生命時，它是最先於一剎那間投入母胎的，所以說「來先」。

1.3 死亡的過程

人死的時候，「風大」先離開，從世俗角度看就是斷氣。繼而「水大」從下體流出，「火大」隨着離開（煖消），身體變冷，再過一段頗長的時間，

代表「地大」的物質如骨骼等也漸漸分散。這是身體消失的過程。在風大、水大、火大離開後，前五識失去作用，接着第六識意識亦消失。這時第七識末那識會把一生的經歷，從第八識阿賴耶識提取出來，像放電影一樣播放一遍。意識消失後，末那識亦消失。阿賴耶識最後離開這個冷卻了的身體。

某人生命將結束時，若想知道他還有感覺否，全看身體是否還有暖觸（heat）。如暖觸全無，則成死物，不過暖觸離身，冷觸現前，由於業力不同，其現象各不相同，招感將來善惡趣向的果報亦不同。死者命終之後投生何趣，可由其阿賴耶識從身體哪處最後離開而判斷。《雜寶藏經》有一偈頌道明眾生投生六道之差別：「頂聖眼生天，人心餓鬼腹，旁生膝蓋離，地獄腳板出。」現將其所述捨識的六處簡列於下：

一、頂聖：若全身皆冷，唯頭頂上尚有暖氣，最後暖氣從頭頂上離去，此人將生於聖地為聖人。

二、眼生天：若全身皆冷，唯眼睛尚有暖氣存在，最後暖氣從眼睛離去，當知此人將生於天上成為天人。

三、人心：若全身皆冷，唯心窩尚有暖氣，最後暖氣從心窩離去。當知此人將投生人道。

四、餓鬼腹：若全身皆冷，唯腹部尚有暖氣，最後暖氣從腹部離去，當知此人將墮落至餓鬼道。

五、旁生膝蓋離：若全身皆冷，唯膝蓋尚有暖氣，最後暖氣從膝蓋離去，當知此人將墮落畜生道。

六、地獄腳板出：若全身皆冷，唯腳板下尚有暖氣，最後暖氣從腳板下離去，當知此人將墮落地獄道。

1.4 兩期生命之間的過渡——中陰身

以一般眾生來說，當阿賴耶識離開身體後，會化生成一個由稀薄物質組成的生命體，叫做「中陰身」。生前造了很多善業的人（或修十善業者），死後直升天界，不須經過中陰身。反之，若生前造了很多惡業者（如五逆十惡），則死後直接墮落地獄，不須經過中陰身。這「中陰身」等待投生，一旦因緣成熟，剎那間投生入母胎中。這一切都是「因果報應，業力輪迴」的經歷。（參第三章之 1.1 前世與今生之間的過渡——中陰身）

註釋

（1）十善業乃身、口、意三業中所做的十種善行，
　　即不殺生、不偷盜、不邪淫、不妄語、不兩舌、
　　不惡口、不綺語、不貪、不瞋、不痴；反之則
　　稱為十惡。五逆者，即害父、害母、害阿羅漢、
　　出佛身血、破和合僧。請參閱《十善業道經》、
　　《菩薩瓔珞本業經》卷下及《長阿含經》卷
　　十五。

第十章

十二緣起的流轉與
人生七階段

　　從第一至第九章，我們從教理的角度探討生命十二緣起的流轉，並將其過程與人的一生聯繫起來，分為七個階段解析。但這不過是「文字般若」，是書本上的白紙黑字盛載的佛法義理。修學佛法卻不能單靠閱讀義理，故步自封於文字的範疇，必須從「文字般若」走出來，進入「觀照般若」，實學實修，不尚空談。佛經中常說：「從聞思修，入三摩地。」[1] 解讀明白教法之後，還必須依其義理積極去實踐修行。

　　實踐即是修心，生命十二緣起的流轉是佛法中的一種修心的禪觀。常觀此法，即是不斷思惟生命緣起的真相。久而久之，若純熟了，會生起無常、苦、空、無我的觀照般若，產生出世之想。修行人必須存有出世心[2]。

　　觀照純熟與否，視乎對觀法理路是否清晰，而且要時常練習，才能發揮效用。冗長的文字義理甚難作觀，現在將十二緣起與人生七階段的要點重複於下，以便禪觀：

人生階段	十二緣起流轉門
前生至投胎期	**無明緣行，行緣識，識緣名色** 眾生由於一念**無明**（生起貪、瞋、痴、慢、疑、惡見等）而造作種種身、口、意三業**行**。這行業帶動神**識**不斷地投胎在六道中，這都是過去的因。現世投生母胎成為胎兒（**色**）身，其身心所感受的一切人、事、物（**名**）演變及延續，遂生起以後人生種種因果關係。
胎嬰期	**名色緣六入，六入緣觸，觸緣受** 嬰兒的六入（眼、耳、鼻、舌、身、意）不斷成長。**觸**是一個頗長的認知階段，由嬰兒期，經過兒童期、少年期、青年期、成年期，都產生這由觸而引起的重複認知。接觸和認知一切外境會產生種種愛（喜歡）與憎（不喜歡）等感受。
兒童期	**受緣愛，愛緣取** 透過六入接觸周圍的名色（人事物），遂產生了對外境的認知、接觸與感受。然後又衍生貪**愛**與貪**取**的執着，遂展開了以下生命十二緣起的受緣愛、愛緣取、取緣有、有緣生、生緣老死等等的生命流轉。
少年期	**受緣愛，愛緣取**繼續衍生 對一切色、聲、香、味、觸、法生起貪愛（樂受）或憎厭（苦受）。受與愛生起時，我相及我所亦自然而生。凡夫由**受、愛、取**而生我執，自然迷於我所，遂生貪、瞋、痴、殺、盜、淫、妄，惡口，兩舌，綺語等惡業，因業力垢纏而受報，流轉於三界六道輪迴之中。

人生階段	十二緣起流轉門
青年期	**受緣愛,愛緣取**繼續衍生 這時**受、愛、取**比前更熾盛。凡有愛必有取,即執取。因執取感受而生起的煩惱有:忿、恨、覆、惱、嫉、慳、誑、諂、憍、無慚、無愧、掉舉、惛沉、不信、懈怠、放逸、失念、散亂及不正知。一切惡業皆由執着煩惱而生。
成年至壯年期	**受緣愛,愛緣取,取緣有,有緣生**繼續衍生 這是人生經歷中最繁重的階段。成年後家庭、工作、事業所帶來的責任、期望與所需的協調愈來愈顯著與沉重。這時的特徵是**取**,貪求名利者為執取、擁有更多而奮鬥、拼搏;追求愛欲者沉淪於愛情、嗜好、幻想與痴迷中。大多數煩惱來自親眷的怨懟:相處時所引起的不滿、嫌恨、觸惱、鬥諍與責望。
壯年至老死期	**生緣老死**到**無明緣行** 人生從**無明緣行,行緣識,識緣名色,名色緣六入,六入緣觸,觸緣受,受緣愛,愛緣取,取緣有,有緣生,生緣老死**經歷了整個生命的演變過程,到老死的憂悲苦惱結束。死後又帶着無明投胎,重新開始另一次輪迴。

表九

1 生命十二緣起流轉的事相與理性

教理上，我們可分為事相與理性兩方面分析生命十二緣起的流轉。以上所講的是人生在世間的事相。事相顯現出生命種種千差萬別的相狀，如人生歷程；而理性則揭示出生命基本的體性，如一念無明。

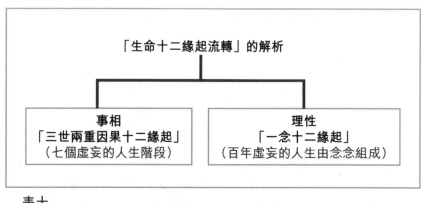

表十

2 百年緣一念　一念緣百年

「三世兩重因果十二緣起」所詮釋的是「業感緣起」[3]，將緣起放在過去、現在、未來三世兩重因果的架構中。換言之，無明緣行、行緣識兩支過去世的因，招感現在世的果。這是第一重因果。現在世的果識緣名色、名色緣六入、六入緣觸，觸緣受、受緣愛、愛緣取、取緣有、有緣生，生緣老死、

老死緣無明又成為未來世的因，將會招感未來世的果。這是第二重因果。

「一念十二緣起」所解析的是，這百年人生都是由一念無明，乃至念念無明所編織而成的，所以十二緣起即是一念。這是賴耶、性空、法界、如來藏等緣起理論，將十二緣起含攝在一念之中（一剎那）。每一個念頭當下都具足十二緣起。若要還滅[4]生命十二緣起的流轉，必須理解一念十二緣起，而一切修行都要從起心動念處着手。

註釋

（1）從三方面去修行，就能發掘真正的定慧。

　　一、聞所成慧：聽聞佛法，以敬信心去領受佛
　　　　法，培植智慧；

　　二、思所成慧：聽聞佛法後，必須透過自己的
　　　　思惟去理解，並經常將義理與現實生活去
　　　　自我啟發、反省、內觀；

　　三、修所成慧：依法努力修行，付諸實踐。

（2）出世心是一種徹底認識欲界本質的危機感和離
　　世思想。這種危機感和離世心理，能推動人努
　　力修行，其目的是要從種種世間的痛苦煩惱中
　　解脫出來，尋求世外清靜的安寧樂土。若無正
　　確的出世心，只是盲目追求世間福報，就無法
　　超越世間的生死煩惱，證入涅槃。

（3）業感緣起，指世間一切現象與有情的生死流轉，
　　皆由眾生之業因所生起。

（4）還滅，即還歸於本來的清淨的覺性。還是歸還，
　　滅指業緣滅盡而不再出現。為何說還滅而不單
　　說滅呢？因為已生的業緣不能滅，未生的業緣
　　必須使不再生，現在則須修學佛法，令六根不
　　執着六塵而還歸於本來的清淨體性。六根六塵

本自無我，清淨無染，但凡夫則以為有我，遂妄生貪瞋痴等煩惱而作業受報，流轉生死。若能依佛法修行，則能使六根各歸復本來清淨體性，則生死流轉的過程次第而滅，故說還滅。於十二緣起法中分為流轉門與還滅門：流轉門是造業受生死，還滅門是修道證涅槃。

第十一章
一念十二緣起

上一章講到，生命十二緣起的流轉就事相而言，是人生由投胎到死亡過程的三世二重因果關係；就理性而論，整個人生都是由無量相續不斷、剎那不停的心念所構成的。（參上文表十：「生命十二緣起流轉」的解析）

1　心念決定命運

我們每一意念生起，都會產生業力，推動身造作行為，口說出話語。人的行為、語言、思想，都是從心念開始的。各人的身、口、意都會產生業力，而業力能招感果報，所謂「善有善報，惡有惡報。若還不報，時辰未到」。

人的心念能生起言行，若其言行不斷重複則成為習慣。日積月累的習慣漸漸構成性格，積習難改的性格決定你的命運。這就是心念決定命運的因果軌跡：

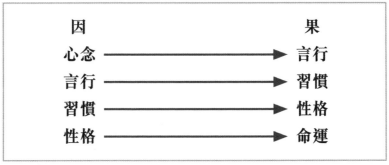

因		果
心念	⟶	言行
言行	⟶	習慣
習慣	⟶	性格
性格	⟶	命運

表十一

105

　　既然如此，若要享有幸福的命運，必須修心，即是培養善良、積極、精進的心念。

　　無論你依佛法哪一宗派修行，歸根結底都是要修心。修心要從起心動念處着手，所以我們必須認識甚麼是心念。十二緣起顯示每一念頭的發展歷程：由一念無明到老死，我們的煩惱是怎樣生起的呢？若認識它生起的原因及它所帶來的痛苦煩惱，就能依佛法對治。

2 《大集經》與《宗鏡錄》對十二緣起的闡釋——以眼見美色為例

《大方等大集經》卷二十三云：

　　　善男子！因眼見色而生愛心，愛心者即是無明，為愛造業即名為行，至心專念名之為識，識共色行是名名色，六處生貪是名六入，因入求受名之為觸，貪着心者即名為愛，求是等法名之為取，如是法生是名為有，次第不斷名之為生，次第斷故

名之為死，生死因緣眾苦所逼名之為惱，乃至識法因緣生貪，亦復如是。如是十二因緣，一人一念皆悉具足。

《宗鏡錄》卷七十七又云：

十二因緣，一人一念，悉皆具足，但隨一境，一念起處，無不具足。且如眼見色，不了名無明，生愛惡名行，是中心意名識，色共識行即名色，六處生貪名六入，色與眼作對名觸，領納名受，於色纏綿名愛，想色相名取，念色心起名有，心生名生，心滅名死……，念念識幾（成）十二因緣，成六趣無窮之生死。

以上兩段經文，以眼見美色而衍生煩惱為例，闡述了一念無明的生起與其剎那演變的因果關係。讓我們藉此經文解釋一念具足十二緣起的意義：

三世兩重因果	一念十二緣起

無明　**如眼見色，不了名無明**

凡夫眼見美色而生淫念。淫欲是生死輪迴的根本。《圓覺經》説：「一切眾生從無始際，由有種種恩愛、貪欲故有輪迴。若諸世界一切種性，卵生、胎生、濕生、化生，皆因淫欲而正性命，當知輪迴，愛為根本。」所以經中又説：「三界輪迴淫為本，六道往返愛為基。」我們是欲界的眾生，投胎時阿賴耶識已藏有淫欲的種子，擺脱不了淫念的牽纏，所以這是過去世帶來的惑業（總稱為無明）遇到現世的種種因緣，便見色而起淫念。這就是「一念無明」的生起。

行　**生愛惡名行**

這久藏的無明，在過去世已造過無量身、口、意的種種業行，故現在當下一見美色，欲念即生；若所見是醜相，即生憎厭念。

識　**是中心意名識**

這一淫念，是由眼根見色境而生眼識，通過意識的認知或回憶，執持這念頭，即當下的起心動念，皆同時而生。

名色　**識共色行即名色**

名是泛指一切周圍的人、事、物，包括六根、六塵、六識，此處的色是指自己身體的六根。換言之，這時當下一念生起，是種種因緣結合而成的業行。

六入　**六處生貪名六入**

六處生起作用，即眼見色、耳聽聲、鼻嗅香、舌嚐味、身起反應、意念形成。這時凡夫貪心執着美色，六境進入了六根，是名六入。以眼見美色為例，這時耳可能聽到異性的聲音，鼻嗅香水，意識淫念生起，同時刺激身體某部份荷爾蒙的反應。

觸　**色與眼作對為觸**

一念之生起，必須有六根、六塵、六識的三對和合，這就是觸，發生於一剎那間。

三世兩重因果　　　　　　　　一念十二緣起

受　　**領納為受**
受有苦受、樂受、不苦不樂受，這眼見美色，心生樂受。

愛　　**於色纏綿為愛**
這一念淫欲，令心生愛，纏綿於意識內，愈想愈愛，揮之不去。

取　　**想色相名取**
取是強烈地執着愛念，繼而產生欲進取求愛的行動。

有　　**念色心起名有**
當我們的六根應對六境時，六境在外，是客觀的，感受在內，是主觀的。我們對客觀的經歷生起了主觀的感受（如憎愛、妒嫉、忿恨、憍慢、疑惑、懊惱、愛欲、痴戀等），便下意識地將種種情緒反應當作「我」的感受，遂生起一切我執。凡夫內執於我，自然外執於我所，遂衍生種種煩惱，造出貪，瞋，痴，殺，盜，淫，妄，惡口，兩舌，綺語等惡業，因業力垢纏而受報，流轉於三界六道輪迴之中。以眼見美色生淫念為例，凡夫對這美色產生愛欲，是由剛剛過去一剎那的一念無明生起淫念，這念剎那剎那演變，經過「識、名色、六入、觸、受、愛、取」等，都是因為有我和我所執着的外境。凡夫沒有般若正智觀察這我及我所的虛妄不實性。其實這一念的存在是因緣所生法，緣聚則生，緣散即滅，是無常，苦，空，無我的。但凡夫沒有觀照般若[1]的能力，所以念念生起都有我執。

生　　**心生名生**
凡夫就是這樣念念相繼，生起種種業行。如是者心念生言行，言行生習慣，習慣成性格，性格成命運，流轉於三界六道輪迴之中。

老死　　**心滅名死**
每一念頭從生起到另外新念頭的延續，就是它生、住、異、滅的過程，猶如人的生、老、病、死。

表十二

3　已生惡令斷，未生惡令不生；
　　已生善令住，未生善令生

　　一念十二緣起啟示我們：十二緣起只在一念之間，念念都隨十二緣起演變。其中無永恆的主宰者，亦無不變的感受者。一切只是從因而生，依緣而轉，本無而有。即使有了也很快散滅，並無真實不虛的存在，只有短暫無常，構成惑業[(2)]的念念流轉。整個三世兩重因果的人生，承受種種悲、歡、離、合、衰老、疾病、死亡、憂慮、恐懼等等痛苦煩惱。一切都是由無量相續不斷又剎那生滅的心念所構成的。

　　每一念頭都會招感果報：善念感善果，惡念感惡果。當我們六根接觸外境時，觸、受、愛、取、有等緣起環節，就一環扣一環，剎那間相續而起。這時，我們就要覺察這當下一念心，落在何處：是善？是惡？是無記（非善非惡）？若是惡，應立刻停止惡念，發慚愧心，檢討反省；若是善，則要令善念延續，隨喜奉行；若無記，須轉之為清淨善念。

註釋

（1）觀照般若，是實踐智慧的意思。若隨眾熏修，解行相應，實踐親證，當能趣向菩提。

（2）惑是煩惱，業是身口意三業。由惑業而引生苦果，依苦果而又起煩惱，又再造業，又再招感苦果。惑業苦三者是這樣的流轉無端，故説生死是無始的，眾生一直在這惑、業、苦的軌道上走。

第十二章
略述真如緣起

上一章講到百年間的人生，整個生老病死的歷程，都是由自己無量相續不斷、剎那生滅的**心念**所構成的。

1　真如緣起

緣起論是佛法的根本教理，是宇宙人生本來的、必然的、普遍的，所謂法爾如是的法則 [1]。《稻稈經》[2] 說：「若見因緣，彼即見法；若見於法，即能見佛。」由此可知：若要明白佛教的義理，就必須了解緣起論。佛教各宗派 [3] 均以之作為基礎，闡釋其理論與實踐，主要有「業感緣起」、「真如緣起」、「賴耶緣起」、「法界緣起」等教法。以前所講的三世兩重因果十二緣起，是從業感緣起的角度分析其因果關係。現在要探討的一念十二緣起，是從真如緣起的角度去解釋。

根據真如緣起 [4] 論：一念十二緣起的生命流轉，是由於一念不覺而引起的。《大乘起信論》說：

> 依一心法，有二種門。云何為二？一者心真如門，二者心生滅門。是二種門，皆各總攝一切法。此義云何？以是二門不相離故。心真如者，即是一法界大總相法門體。所謂心性不生不滅，一切諸法唯依妄念而有差別，若離妄念則無一切境界之相。

　　《華嚴經》説：「三界所有，唯是一心。」這心是物質和精神界的一切現象和本體，作惡是它，作善也是它。它迷惑時是眾生；覺悟時成佛陀。這心從本體和相、用上看，蘊含有兩方面：心真如門和心生滅門。

　　我們先説第二種生滅門，可用以下兩句總攝：「一念不覺生三細，境界為緣長六粗。」下面先列表再解釋：

「一心不覺」與「一念十二緣起」的關係

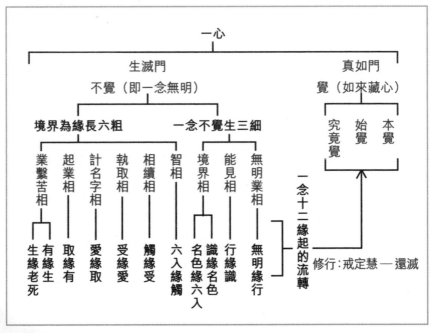

表十三

1.1 心真如門

何謂心真如門呢？這真如 [5] 是宇宙一切現象的本體，絕對清淨，湛然不動，功德圓滿，不生不滅，不垢不淨，不增不減。它不可以境界去闡釋，因它已經是「言語道斷，心行處滅」[6]。若需要更詳細的分析，真如含有本覺、始覺、究竟覺的義理：

一、本覺：人人本具，常恆不變，自性清淨的本體，即我們常說的佛性。雖經歷輪迴生死，而此本覺湛然不變，絲毫不失。眾生雖具有此本覺，但當一念無明時，會生起妄想執着而不自覺。

二、始覺：現在你藉着聽聞佛法後，才得知不覺之中有本覺性，開始努力修行。有此覺悟即名為始覺。小乘聖人覺空，權乘菩薩渡眾生時執有，自修時觀空。二者俱屬妄覺。唯獨佛方能真覺。

三、究竟覺：了達始覺道理，又稱名字始覺。若能稱性起修 [7]，念念反照自心，即觀行始覺。至六根清淨，即相似始覺。若以此功再進修，則破一分無明，證一分法身，即分證始覺。若無明徹底淨盡，至此始本合一，即究竟覺，俗稱成佛。

1.2 心生滅門

　　何謂心生滅門呢？它以一念無明，生起不覺，演變成世間的一切現象。這生滅是真如本體的相（phenomena）和用（functionality）。它是緣起的，緣聚則生，緣散即滅，所以是無自性（空）的，依真如而有。換言之，因一念無明，不生不滅的真如與有生有滅的妄心和合而成阿賴耶識，成為一切現象生起的根源。

　　在此順便再補充無明這個概念。無明是從哪裏來的呢？當心念生起無明時，是隨緣而生的。它沒有自體，是一種變幻的假和合，並非真實的存在。當我們缺乏覺知時，就是處於無明的狀態。不覺察自己的念頭，自己的說話，自己的行為。由於無法覺察起心動念，就會被貪瞋痴的煩惱所牽引，造出種種身口意的業力，這就是所謂「一念無明起，萬般煩惱生」。

　　一念十二緣起的生命流轉，是由於「無明緣行，行緣識，識緣名色……生緣老死」而有的。這十二有支連環互扣的生命緣起，即是《大乘起信論》所說的「一念不覺生三細，境界為緣長六粗」。但

《起信論》講得較詳細，下一章繼續探討這「一念不覺」的義理，對於我們修定和修慧必會帶來深刻的啟示。

註釋

（1）法爾如是，指萬象（諸法）自然而成，非經由任何主宰者造作而成。據《華嚴經探玄記》所釋，法爾如是可就兩方面而言：一、一切現象的存在，莫非因緣和合而生，因緣份散而滅；二、一切現象從真如自性生，故現象不離本體。

（2）即《稻芊經》，「芊」字，古同「稈」。

（3）漢傳佛教十宗包括：禪宗、天台宗、華嚴宗、密宗、法相宗、律宗、三論宗、淨土宗、俱舍宗、成實宗。

（4）真如緣起論，亦名真常唯心論，主要依據《大乘起信論》而説，謂眾生心識之阿賴耶識，雖為發動宇宙一切現象之本源，然溯其根源，實是真如心，認為世界萬有是真如心的生起和顯現，宣揚三界唯心的觀點。

（5）真如（梵語：tathatā，英譯：suchness）又譯為如實、如如、佛性，一般被解釋為法的本性，即法的真實本質，也就是法的真實自性。

（6）「言語道斷」，是指言語文字不足以解釋它的真相。「心行處滅」是指人的思惟也無力表達

它的體性，因為這真如是超越了言語和思惟所能想像到的真實。

（7）在《楞嚴經》修學過程中，有一重要思想，那就是「稱性起修，全修在性」，有隨順及安住的意思，即隨順我們現前一念常住真心去修行。

第十三章
一念不覺生三細

1　妄心的生起

生命的十二緣起由無明緣行，行緣識，識緣名色……（乃至）生緣老死。生緣老死，似乎是由一階段延續到另一階段，表面看是依次第而生的；但其實整個十二緣起無始無終，如環無端，不可以說無明是第一前因，更不可定老死為最終結果。十二緣起在一念間生起，同時演變，互為因果，輾轉相依。以文字詮釋其義理時，把它分成十二個環節互扣互動，只是便於分析而已。

我們的真心本來無念（故名本覺），無生無滅，本來寂然。因一念無明而煽動了念頭，因此而有了生滅[1]，於是轉本覺的智光為妄見。例如你正在靜坐，心中一片清淨自在，毫無妄念，突然一俊男或美女走過，你一見為之心動神馳，本來清淨的心識，頓時轉為愛念，這就是一念無明的寫照。在前念無妄想的狀態之中，突然由於這一念愛欲，就導致阿賴耶識的愛欲種子蠕動，引發種種受、愛、取等煩惱，轉本有的淨念為妄見去執取所緣境，這妄見即是唯識學稱為阿賴耶識的見分。我們本有的淨心，由一念無明生起妄心，成為能緣（見分），俊男或美女就是所緣（相分）[2]。

這阿賴耶識的見分是從何而生的呢？是從它的自證分而生的。那麼俊男美女這相分又從何生的呢？從各人的阿賴耶識而生的。換言之，阿賴耶識的自證分變現出見分和相分，因此有了妄心和妄境。這就是唯識所變的過程，但是這時的妄心和妄境非常幽邃微細（故名三細），只有佛陀和等覺菩薩才能了知其真實體性。我們凡夫很難理解，所以佛陀在《解深密經》卷一說：「阿陀那識（即阿賴耶識）甚深細，一切種子如瀑流，我於凡愚不開演，恐彼分別執為我。」話雖如此，現在我們從《大乘起信論》所解析的「一念不覺生三細，境界為緣長六粗」與生命的一念十二緣起的義理去探討，也可略知其概要：

三細：無明業相、能見相、境界相

六粗：智相、相續相、執取相、計名字相、起業相、業繫苦相（參閱上文表十三）

2　一念不覺生三細

2.1　無明業相（對應十二緣起的無明緣行）

我們的真如從一念不覺而生了無明。無明即不覺，業即行。眾生由於一念無明而造作種種身、口、

意三業行。無明與業沒有先後次序，而是同時而生的。那無明從哪裏來的呢？當心念生起無明時，是隨緣而生的。它沒有自體，是一種變幻的假和合，並無真實的存在。當一念不覺而生無明時，真如即轉成阿賴耶識，這時的無明名為「根本無明」（梵語：mulāvidya）。這根本無明極為幽微深細，只有究竟覺悟的佛陀，或等覺菩薩破了最後一品根本無明，才能了知根本無明的真性。這時的一念無明，只是一個微細而甚難察覺的心識，還沒有分出見分和相分。無明業相之心一動就生起以下所述的能見相。

2.2　能見相（對應十二緣起的行緣識）

一念不覺而生了《大乘起信論》中所謂的生滅門（即阿賴耶識）。這第八識的自證分（即能見的體性）從自體轉變出似有實無 [3] 的見分和相分。這能見分是認識的作用，相分是外境的影像。依此二分施設（假說）我法 [4]，而此見相二分是識體轉變出來的，離開識體也就沒有見相二分，這就是「識變」。這識變起源於一念無明，成為心識的種子，這種子是一種功能。這功能未起現行之前，發揮潛伏的功能，這時不稱為「識」而稱為「種子」（梵

語：bīja）。當此功能發生作用，由潛伏而生起現行時，便不再稱為種子，而是要稱為識了。就這樣從無量劫以來，種子生種子，種子生現行──身、口、意，現行薰種子，輾轉循環，作業受報，譬如瀑流，相續不斷。宇宙生命就是這樣開展出來的。

這能見相是依前述的無明業相而有，心識一動，便是能見。

2.3 境界相（對應十二緣起的識緣名色、名色緣六入）

阿賴耶識既有能見的功能，當然就有所見的境界相。這境界相亦是眾生的阿賴耶識變現出來的。境界相雖涵蓋森羅萬象，但歸納起來，不外乎是根身與器界兩種。

阿賴耶識的種子內變根身，外變器界。先講內變根身。根身，指眾生各自的身心，即是我們由色、受、想、行、識組成的五蘊身體。從無始以來，眾生顛倒迷惑，分別妄想，其言語、行為所產生的所有業力，不斷使阿賴耶識染雜了四種妄想，分別是斷截色（solidity）、津潤（humidity）、炎盛（heat）、飄動（oscillation），產生四個大種功能：堅實之功

阿賴耶識的見分與相分

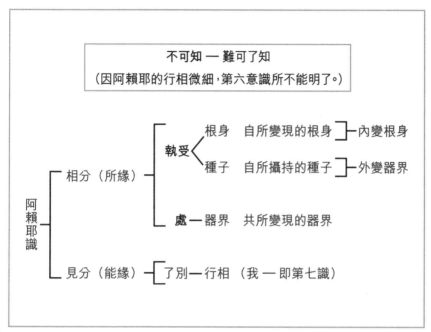

表十四

能（地大），流潤之功能（水大），炎熱之功能（火大），飄動之功能（風大）。每人身命受生之初，是由於一男一女（其父母）起淫念生淫行，交合時男性的精子及女性的卵子於母體中和合，同時若中陰身與該行淫的男或女具有宿緣，即會投入母胎，形成胎識，復由母體中的四大助成，漸漸長養於胎

中 (5)。如此漸長，直至出生。出生之後，又經嬰孩、童子、少年、中年、老年五大階段，最後走向死亡，由所造新業而經中陰身，投入六道，如此循環不休。每當一期生命結束時，四大分離，前七識之功能隱沒，不起現行。第八識最後離開身體，至此命根即不存在，一期生命宣告結束了，又繼續流轉到下一期的生命。

阿賴耶識與根身，彼此有共存的關係。如果前者沒有後者作為依附，則沒有它的活動天地；而根身若離開能變現的阿賴耶識，則不能存在。所以阿賴耶識對於根身具有「攝為自體，持令不失，領以為境，令生覺受」四義。六道中各種眾生，有各別不同的根身，都是由各自業力所生的識變。每個生命的存在，其壽命的長短，生活質素的優劣等，都取決於眾生各自所作的業力。

那何謂外變器界？先前講阿賴耶識內變根身，根身指眾生的身心，佛經多稱之為正報。所謂器，是受用的意思，所有被有情眾生所受用的，都叫做器，又名依報。外變器界者，即是總指大自然界：山河大地，草木叢林，及生活所需諸資生具，一一有情所受用者，包括科學所涉領域如天文、地理、植物、礦物，以及社會等。身外一切森羅萬象的大

自然界，有情眾生生活的資具，事物、房舍、飲食、臥具、醫藥等，大至河山，小至原子，無一不是阿賴耶識轉變生起的境界相。

註釋

（1）指生起與滅盡。有生必有滅之義。一切法由因緣和合而生，因緣份散而滅。世間上的所有一切，都屬於生滅法。《大乘起信論義記》謂如來藏心隨緣起滅，有染淨差別，稱為心生滅。又以時間之最小單位生滅時，稱為剎那生滅。對此，論有情之眾生，從生到死，其一期生命，稱為一期生滅。

（2）參下表：

能緣（Subject）

具有認識作用之主體為能緣，是依賴的意思，即表示心識非獨自生起，必依賴外境（客體對象）方能產生作用。

所緣（Object）

被認識之客體為所緣，指認識的對象，是心、心所法生起之因。

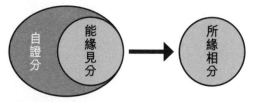

八識心王三分量境
　　一、見分 (The subjective aspect — sensory perception of reality)
　　二、相分 (The objective aspect — actual reality as it is)
　　三、自證分 (The witnessing aspect — cognition of this perception)

（3） 這「有」是因緣和合而暫有的，其存在的過程仍不離生、住、異、滅四相，因此是無常的假合，並非真實地永恆存在，所以說似有實無。

（4）《唯識三十論頌》：「由假說我法，有種種相轉。彼依識所變，此能變唯三。謂異熟思量，及了別境識。」

（5）《大寶積經‧佛為阿難說處胎會十三》說：「若有眾生欲入胎時。因緣具足便得受身，……云何得入母胎？所謂父母起愛染心，月期調順中陰現前……業緣具足便得入胎。」

第十四章
境界為緣長六粗

《大乘起信論》説：「以有境界緣故，復生六種相。云何為六？一者智相，依於境界，心起分別愛與不愛故。二者相續相，依於智故生其苦樂，覺心起念相應不斷故。三者執取相，依於相續，緣念境界，住持苦樂，心起着故。四者計名字相，依於妄執，分別假名言相故。五者起業相，依於名字，尋名取着，造種種業故。六者業繫苦相，以依業受果，不自在故。當知無明能生一切染法，以一切染法皆是不覺相故。」

現將六粗列表，並解釋如下：

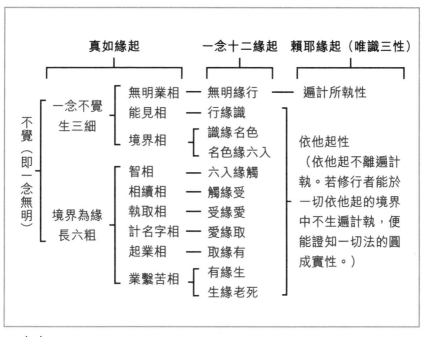

表十五

137

1 境界為緣長六粗

1.1 智相（對應十二緣起的六入緣觸）

當凡夫一念不覺而生出三種細微難測（三細）的虛妄心識時，虛妄的境界同時出現了。換言之，一念引動出能見之心識，就必定有所見之境界。例如貪心一動，就必有所貪之境。這智相是妄想分別的知見，是依前面所述的三細心識而生的。眾生執着一切境界為實有，而生起染淨、善惡、是非、憎愛等分別心。這是俱生法執[1]，仍然是微細心識的智相。這智相不是真實的正智，而是依境界為緣而生起的分別智。這分別智令眾生沉淪，因為它引起憎愛、是非等執着與煩惱，所以僧璨大師在《信心銘》開宗明義勸世人說：「至道無難，惟嫌揀擇，但莫憎愛，洞然明白。」

相對於一念十二緣起，智相對應的是名色緣六入、六入緣觸。名是一切人、事、物的名稱；色是這些人、事、物的相狀。六入是感受一切外境的六根（感官系統：眼、耳、鼻、舌、身、意），換言之：即是六根讓外境流入自己的心識，與心所法互動，產生六入緣觸。

1.2 相續相（對應十二緣起的觸緣受）

相續即是次第不斷地加強自心的妄想分別。例如：當凡夫淫念心動時，倘若不提起淨念以取代之，則淫念延續加強而不能自制。眾生對愛好之境感到快樂，對憎惡之境感到痛苦。這憎愛與苦樂之情，不斷相應而起，稱為「分別法執」[2]。

相對於一念十二緣起，相續相對應的是觸緣受。由於對境心動而起憎愛，遂愍生可憎的苦受與可愛的樂受。當苦樂感受相續時，就生起種種心念，發展成為相應的言語或行動。

1.3 執取相（對應十二緣起的受緣愛）

凡夫的心依相續相，執着苦樂境界，而這執着不斷加深，遂生起俱生我執[3]，即是心與心所法於境界中相續不斷地緣慮繫念。由於不了解一念不覺的虛妄性，以為有實在的苦樂。對於苦樂的感受生起牢固的執着——對苦受引發瞋恨心，對樂受生起貪戀。

何謂我執？這「我」是屬於「遍計所執性」[4]的。即是說，第七識時常與四惑（我見、我愛、我慢、我痴）相應，周遍計度以自我為中心。一切凡夫，

由於不懂萬象的「依他起性」[(5)]，當第七識應對外境時，產生種種對四惑的執着，亦必然生起種種遍計的執着，並且被這種種遍計之妄相所困擾與束縛，牽動自己的身、口、意去作業。然後因作業而受報，長期流轉於生死苦海之中。反之，吾人若能於依他起之萬法上，運用般若觀照，時時覺悟，了知一切法相皆是因緣所生，生即無生，滅亦無滅；時常觀照一切法空，不被假相所迷，即能遠離遍計所執，而證入圓成實[(6)]之妙理，跳出生死輪迴之苦海，登上涅槃安樂之彼岸。

1.4 計名字相（對應十二緣起的愛緣取）

「名字相」即名言概念。《大乘起信論》說：「依於妄執，分別假名言相故。」即是說，凡夫依前執取相，當意識了別境界時，對各種不同的境界，生起各種不同的名字概念，而執取它們為實有。這是分別我執[(7)]。愈執着於名言概念，則我執愈強，以致對怨親、憎愛、美醜等概念的執取，牢不可破。

這是相應十二緣起中的愛緣取。佛經說，眾生的執取有四種：欲取、見取、戒禁取、我語取。欲取是追逐色、聲、香、味、觸五欲；見取是偏頗自己的見解；戒禁取是執着某戒律或修法為獨善。那我語取呢？「我」是假名，而眾生卻依此假名妄執

為實在有「我」。由此根本的我語取而生起欲取、見取、戒禁取。

1.5 起業相 （對應十二緣起的取緣有）

《大乘起信論》說：「依於名字，尋名取相，造種種業故。」依前一念不覺，生種種境界，遂相續不斷地執着所愛的境界，而生起憎、愛、取、捨、作善、作惡的行為，招感苦樂業報。這一切都是意識的強大作用，故《八識規矩頌》說：「動身發語獨為最，引滿能招業力牽。」意識的作用是造業招果：作惡受惡報，作善受善報。動身即身體所造的行為，即身業；發語即口所出的言語，乃口業。須知身與口本身不會造業，我們的一切行為、言語、思想，都是由三細六粗的心識所帶動。

1.6 業繫苦相 (對應十二緣起的有緣生，生緣老死)

眾生因一念無明而起惑造業，才有生死輪迴的痛苦。這起惑、造業、受苦，就是生命的連鎖反應，互為因緣，輾轉相生。須知一切惑業，都是由心念而起。眾生因一念無明，生了三細六粗的心識。心識推動身、口、意，作無量業。依業受生死苦果，輪迴於三界六道之中。

　　古頌説：「無明愛取三煩惱，行有二支屬業道，從識至受並生死，七事同名一苦道。」無明、愛、取，這三種屬於根本煩惱，眾生流轉於生死中，這是三個根本的原因；有了煩惱就會去造業，説的就是行和有這二支；識、名色、六入、觸、受、生、老死七支，屬於造業所得的苦果，所以又稱這七支為苦道。

註釋

（1）我法二執，參下表：

我法二執

我執

　　眾生之體，原為五蘊（色、受、想、行、識）之假和合。當凡夫執着：認為這自我是有主宰作用的實體，就念念產生「我」與我所的妄想分別，是名我執。其實我執是一切謬誤與煩惱的根源。眾生因我執而生煩惱，因煩惱而作身口意三業，因作業而受報，流轉生死苦海。

　　一、**俱生我執**：先天性的虛妄熏習，通於第六、七識。除阿羅漢，八地以上菩薩，如來以外，餘皆有此熏習。

　　二、**分別我執**：後天性的種種緣習，唯限於第六識。

法執

　　將所有存在（法）的本質認為是固定不變的實體，稱為法執。若我執存在，則必有法執。起法執即所知障；起我執則生煩惱障。法執唯通第六、七識。

　　一、**俱生法執**：此乃無始以來熏習成性的種子，與生俱來。

　　二、**分別法執**：現世於邪教、邪師所説之法執為實法，是後天性的種種緣習。

（2）同註（1）。

（3）同註（1）。

（4）一切諸法，各具三性，萬法必須從三方面觀察，才能見其真相。所以任何一法皆具足三性：一、遍計所執性，二、依他起性，三、圓成實性。

一、遍計所執性（parikalpita–svabhāva, the nature of attachment to that which it is pervasively discriminated）是在一切有為無為法上，假借語言概念而成立的種種自性差別，是由種種因緣所生，本無實體之存在，但眾生妄想執着，自取分別，遍計一切法相而執之為實。

二、依他起性（paratantra–svabhāva, the dependent nature）是指一切現象，都由因緣所生法。緣合則生，緣盡則滅，是依眾多條件聚集而生起的，沒有自性，能所皆空，了不可得。

三、圓成實性（parinispanna–svabhāva, the perfectly enlightened nature）即是圓滿合理，究竟真實的自性，又名真如、法界、

法性、如如、涅槃等。《成唯識論述記》給圓成實性規定了三個條件:「一圓滿、二成就、三法實性。具此三義,名圓成實。」圓滿是圓滿無缺,常住不滅的教法;成就是成就佛的無上功德;法實性指常住不滅的真實體性。

(5) 同註 (4)。

(6) 同註 (4)。

(7) 同註 (1)。

第十五章
還滅門——
解脫生死的法門

人的一期生命結束後，會隨着自己所作的業力，投生為另一個形體，這叫做輪迴，就好像一個燈泡壞了，發不出光亮，要換上新的一樣。人的身軀形相雖生生不同，其生命體性卻是永恆不變的真如（如來藏心）。燈泡就如同我們的身體，電力就是我們的真如本體。通過燈泡發光發熱，我們能「看到」電力的存在，正如我們可以通過身、語、意的修行接觸到自己的清淨真如。燈泡壞了，就會丟棄，然而就算沒有了燈泡，電力卻仍然存在；正如人死後，本體仍然存在，並會投生到另一個身體裏一樣。

生命究竟從何而來，死後又將從何而去呢？佛法說：生命是由因緣而來的。因，就是生命的根源；緣，就是生命賴以延續的種種條件。

那麼，生命為甚麼會流轉？又如何流轉呢？佛法認為生命的流轉起於無明，而流轉要經過十二緣起，所以十二緣起是生命從過去到現在，從現在到將來所經歷的十二個程序。

1 從五個角度探討十二緣起的流轉

由第二章開始，一連十三章我們都在探討生命十二緣起的流轉，解釋眾生在三界六道輪迴之中沉淪的苦況與原由。雖然眾生流轉生死的因果關係千

絲萬縷，各人不同，但我們仍然可以歸納出以下幾個角度去：

一、四聖諦[1]的苦諦與集諦；

二、三法印的諸行無常；

三、八識心王與五十一心所法，如貪、瞋、痴等根本煩惱；

四、緣起法中此生故彼生的因果關係，如無明緣行，行緣識……乃至生緣老死的連鎖效應；

五、從業感緣起、真如緣起、賴耶緣起解析生命的惑、業、苦。

　　以上所講的都是十二緣起的流轉，是觀察世間生死的緣起，屬於理解方面。還滅則是探討解脫生死的法門，屬於修行方面。若要解決生死輪迴的問題，先要知道它流轉的原理（苦諦與集諦），才可以把它還滅（道諦與滅諦）。所謂流轉（梵語：pravṛtti），即是說眾生在六道生死輪迴中，隨波逐流，循環不絕，受苦無窮。如是依因而感果，果上復造因，輾轉由藉、流轉不息。至於還滅（nivṛttir），則含轉迷成覺之意。藉着修行的功德，斷除煩惱，脫離生死輪迴，歸還到常樂我淨的清淨涅槃境界。

　　還滅，即還歸於本來的清淨覺性。還是歸還，滅指業緣滅盡而不再出現。為何說還滅而不單說滅

呢？因為已生的業緣不能滅，未生的業緣必須使之不再生，故此須修學佛法，令六根不執著六塵而還歸於本來的清淨體性。六根六塵本自無我，清淨無染，但凡夫則以為有我，遂妄生貪、瞋、癡等煩惱，而作業受報，流轉生死。若能依佛法修行，則能使六根各歸復本來清淨體性，則生死流轉的過程次第而滅，故說還滅。簡言之，十二緣起法中分為流轉門與還滅門：流轉門是造業受生死，還滅門是修道證涅槃。

現在讓我們開始解析生命十二緣起的還滅。

2　生命十二緣起的還滅

佛陀在《雜阿含經》中說：「此有故彼有，此生故彼生。謂緣無明有行，乃至生、老、病、死、憂、悲、惱、苦集⋯⋯」建基於十二緣起的生死流轉，是由苦集而有苦果，在受苦果的同時，又造集新的苦因，成為將來的苦果，並且循環不息，互為緣起。

人生為何有憂悲苦惱呢？

是因為有**老死**。人生最悲哀、痛苦的就是老死。

老死又從何而來呢？是從投**生**做人而來的。有生便有死。

生命十二緣起的流轉與還滅

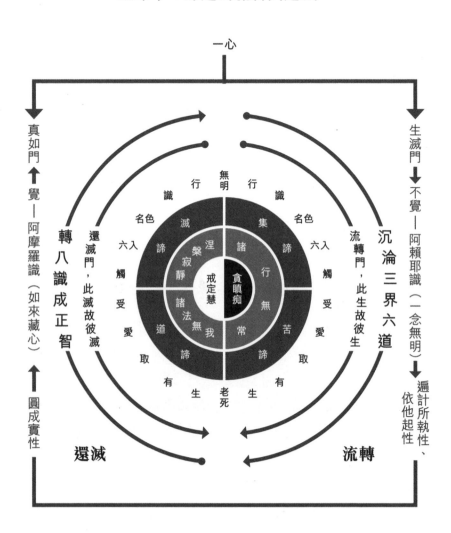

表十六

何故要投生？是由於**有**業力所牽引而投生。

業有又從何而來？由執**取**世間的一切而來。

為何要執取？由貪**愛**所驅使。

愛又從何來？從領**受**執着樂境而生。

受又從何而來？從六根接**觸**外境一切物質而來。

觸又從何而來？是從**六入**，即是由於有六根。

六入從何而來？從**名色**而來。

名色又從何而來呢？隨阿賴耶**識**投胎而來。

業識從何而來？由各人**行**為造作而生出業力，牽引入胎。

行為又從何而來？是由於**無明**心所驅使，妄作胡為而成業行。

眾生怎樣才能從十二緣起的流轉中解脫出來呢？換句話說，怎樣還滅十二因緣的流轉呢？

如果不受生，就可以不用**老死**。

不想受**生**，就應該不去造業。

沒**有**業力，就不會執着妄取世間的一切。

不執**取**就能消滅貪愛心。

不貪**愛**就不會去感受樂境。

不**受**則不會產生接觸。

不**觸**則不會妄動六入。

不成**六入**則不會有名色。

要滅除**名色**，就要空掉業識。

要空掉業**識**，就不應妄作錯誤的業**行**。

沒有業行，就自然破**無明**。

無明一破，生死就斷了。

在生死中流轉是純大苦的聚滅。因此十二因緣的還滅，是由修習道諦，從而斷苦、集諦，進而證得滅諦。因修道諦而得無漏的涅槃智，而滅無明；無明滅，則行亦滅，行滅則識亦滅，乃至生滅，老死亦滅。老死滅的話，就代表已超出三界六道輪迴了。

現在我們該明白，生死的根源就是無明，所以要解決生老病死的問題，必須斷無明，就如擒賊先擒王一樣。但到底怎樣才能滅除它呢？

註釋

（1）四聖諦是苦、集、滅、道，是覺者所悟的真
　　 理。若依此四法修行可超凡入聖。苦諦，指
　　 眾生身心常被痛苦煩惱所纏繞；集諦，指痛
　　 苦煩惱生起的種種原因；滅諦，指滅除惑、業、
　　 苦，得證涅槃；道諦，指修行證入涅槃的種
　　 種方法。

第十六章
生死流轉之因
——無明

現在繼續講十二緣起的還滅。

我們知道生死的根源就是無明。無明是愚痴之別稱，即不通達真理，不能明白事相和道理，於正法不能生信，妄執邪見，且生貪染心，迷惑於外境。眾生因迷昧真理而造出種種身、口、意業，導致現世的老、死、憂、悲、苦、惱，以及一期又一期的生死流轉。所以要解決生老病死的問題，要突破六道輪迴的循環，就必須斷除無明。若無明滅了，則一切造作及其帶來的惑、業、苦自然就終止了。但是，眾生心識中的無明，深邃細微，要截斷無明，談何容易啊！

1　無明細微難斷

這一念無明的生起，是阿賴耶識所含藏的種子所觸動。我們的真心本來本覺無念，無生無滅，本來寂然。因一念無明而煽動了念頭，因此而有了生滅，於是轉本覺的智光為妄見。這就是《大乘起信論》所講的「一念無明生三細，境界為緣長六粗。」這道理在第十三、十四章也說明了。

無明是從哪裏來的呢？當心念生起無明時，是隨緣而生的。它沒有自體，是一種變幻的假和合，並非真實存在。當一念不覺而生無明時，真如即轉成阿賴耶識。這時的一念無明，只是一個微細而甚

難察覺的心識,還沒有分出見分和相分。不單凡夫不能覺察這無明的真相,連已達涅槃的阿羅漢也不能明了。

無明又可分為兩種:無始無明與一念無明。

一、無始無明:是指對真如未能徹底證悟,不能成就無上正等正覺而究竟圓滿成佛。無始無明是大乘行者所要斷除的惑業,亦名所知障——法執、無明惑。

二、一念無明:眾生一心有真如門(如來藏真如性)與生滅門(不覺)。這不覺一念煩惱心動,就導致我們作出種種業行而遭受果報,輪迴生死。一念無明是小乘行者所要斷除的惑業,亦名煩惱障——我執。沙門四果階位中的初果須陀洹、二果斯陀含、三果阿那含,透過漸次修行破了見思惑[1],進而迴小向大[2],修到成為登地菩薩[3],就能斷除塵沙惑[4]。當登地菩薩「破一分無明,證一分法身」,到妙覺位時,就能滅除無明惑。最後一品無始無明斷盡,便是成佛之時。

有經典說菩薩到了第十地法雲地,也還不能盡知無始無明。唯有成了佛,才能徹底了知無始無明最深邃的底蘊,所以《妙法蓮華經》說:「唯佛與佛,乃能究盡諸法實相」。從以上的解析可見,無明甚難還滅。

註釋

（1）見思惑，即見惑與思惑，是三界內眾生都有的粗重煩惱，煩惱驅動眾生造有漏之業，招感生死輪迴。

（2）迴小向大，即把本來的小乘心迴轉過來，以趣向於大乘的佛道。

（3）菩薩十地：大乘佛教中最廣為通行的菩薩修行位階為華嚴十地，大乘論師龍樹和世親都對《十地經》作過註解。十地是：歡喜地、離垢地、發光地、焰慧地、難勝地、現前地、遠行地、不動地、善慧地及法雲地。

（4）塵沙惑，指已超出三界的菩薩，在導化眾生時所遇到的無數幽微煩惱，屬瑜伽行派所說的「所知障」。

第十七章
還滅門之下手處
——六入緣觸

　　上文說到，要從十二緣起的流轉中解脫出來，必須突破六道輪迴的循環，那就必須斷除無明。無明難斷，而生命十二緣起也並非每一支都可以下手斷滅的，如無明緣行、行緣識、識緣名色、名色緣六入都是從前世的因果關係帶來今生的果報。今世既已投生在欲界為人，就必會老死。廣東人有句俗語說：「落地喊三聲，好醜命生成。」已往宿業所造成的業果，屬於我們無能力改變的過去；但我們可以改善現在，所以將來生命幸福與否，仍然是掌握在我們自己的手中，只要我們發心修行，就有改變的希望。

　　若能依佛法修行，便能使六根歸復到本來的清淨體性，則生死流轉的過程就會次第而滅，故說還滅。流轉門是造業受生死；還滅門是修道證涅槃。

1　從六入緣觸開始還滅無明

　　若無明難斷，那麼眾生要滅掉無明方能覺悟成佛的希望，豈不是永遠落空？還滅生命十二緣起的生死流轉，豈不是更加令人絕望？釋迦牟尼與後來的聖賢，早已洞悉到末法時代眾生智慧不足，甚難斷滅無明，所以提出了種種法門，讓我們種種不同根器的人也能掌握。其中之一個修行方法是，從六入緣觸着手。

十二緣起的還滅從觸開始

過去

一、無明
二、行
三、識
四、名色
五、六入

過去的不能改

無明細微深邃，甚難今生滅盡。過去已作的業行，所種的業因，今生已成胎識，過去的不能改。《大寶積經》說：「假使經百劫，所作業不亡。因緣會遇時，果報還自受。」業報如影隨形，造了善惡業因，不管時間久暫，只要因緣成熟，必定要受到相應的果報。

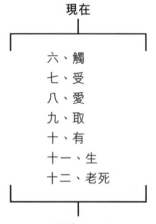

現在

六、觸
七、受
八、愛
九、取
十、有
十一、生
十二、老死

現在的可以改

過去的改不了，現在的可以改。今生可以修學佛法，改善命運，斷滅生死輪迴。從六入緣觸開始還滅，以**觸**為下手處：**觸**滅則**受**滅，**受**滅則**愛**滅，**愛**滅則**取**滅，**取**滅則**有**滅，**有**滅則**生**滅，**生**滅則**老死**滅，輪迴永斷。

表十七

讓我們重溫六入緣觸的道理，再探討怎樣去還滅觸：

六入緣觸的意思是説：我們的六根（眼、耳、鼻、舌、身、意）與外境六塵（色、聲、香、味、觸、法）接觸時，產生了六種妄識（眼識、耳識、鼻識、舌識、身識、意識），同時生起種種愛與憎等感受，然後又衍生貪取與擁有的執着，遂展開了生命十二緣起的受緣愛、愛緣取、取緣有、有緣生、生緣老死的流轉。

觸是六根、六塵、六識的互動和合（請參閱下表）。六識中以第六識意識最為猛利。它就是我們在觸中所生起的所謂起心動念。為何一時產生善念，一時產生惡念呢？此識遍與自己與生俱來的五十一個心所相應，故具善、惡、無記三性。

但意識是善是惡，抑或無記，是隨着當時的因緣，以及所配合的心所，來決定到底如何相應。為何人心會生起貪、瞋、痴等煩惱？何以隨之而作業，因作業而受報，遂輪迴於生死苦海呢？這全都是由於六入緣觸時意念所帶動。所以，各人自己的意念可以令你作惡，但也可以令你行善，甚至引導你修行，將污染的意識轉為妙觀察智，走上超凡入聖之道。

六入與六識互動關係

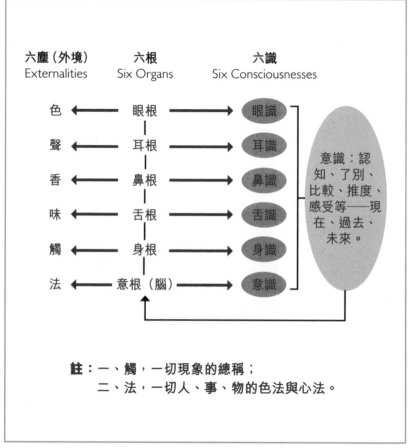

表十八

　　若要從六入緣觸去還滅生命十二緣起，就必須**截斷六根觸對六境生六識時的執着**，將虛妄不淨的心識淨化，即是要轉識成智。例如：當你的眼見美色而起淫念；耳聽謾罵而起瞋念；鼻聞香氣、舌嚐鮮味、身要滋補而渴求野味；意識貪求名利而生騙心時，你必須當下提起正念，覺察這妄念的生起，以佛法的般若正智去止息它。這般若正智就是佛法所講的種種法門，如天台禪修的止觀法門、上座部強調的四念處觀、三論宗的空觀、瑜伽行宗的五重唯識觀、華嚴宗的法界緣起觀、淨土宗的念佛三昧等等。

　　概括來說，我們應以定和慧去還滅六入緣觸。**戒、定、慧**是佛法的三無漏學。戒是修行的基礎，若行者不守戒律，就不能防非止惡，結果遭受惡報，連應付都來不及，又怎能轉識成智去還滅六入緣觸呢？所以無論你學哪一法門，持戒都是最重要的科目。

六入與六識互動所產生的煩惱

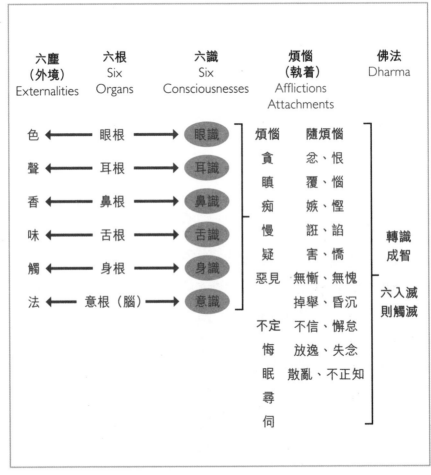

表十九

佛教各種經律論教導我們守護、調伏，乃至關閉六根的修習方法很多，而現代人比較喜歡修習止觀[1]，就讓我們以止觀的修法解釋如何還滅六入緣觸。

2 煩惱的生起

煩惱是怎樣生起的？《維摩詰所說經》說：「何謂病本？謂有攀緣。從有攀緣，則有病本。」攀緣就是六根執着外緣（外境），如眼見美色而起淫念；耳聽謾罵而起瞋念；意念貪取而想偷竊。換言之：當你攀緣時，你沒有守護六根，隨便讓外境流入心識內，構成貪瞋痴等妄念，觸動了種種煩惱而不自覺，並隨着煩惱的生起而造作種種身、口、意業。這時你必須提起正念（巴利語：satipaṭṭhāna，英譯：the right introspection），即是提起警覺，其中又有四個層次：

提起正念

四、放下妄念

三、觀照妄念

二、覺察妄念

一、六根執着外境而妄念生起（如抑鬱、瞋怒、嫉妒、恐懼、疑惑、自卑等）

表二十

　　當六根執着外境而生煩惱時，要當下警覺，觀照，及截斷它，不要讓它再延續到下一念。這就是止的力量。《修習止觀坐禪法要》（俗稱「天台小止觀」）說：「止乃伏結之初門，……止則愛養心識之善資，……止乃禪定之勝因……」直至頓除妄念為止。煩惱的產生，不是直接來自煩惱的事或境本身，而是來自一己的心識攀緣，執着煩惱的境界，不能放下。只要對境無心，如《金剛般若波羅蜜經》中說：「不應住色生心，不應住聲、香、味、觸、法生心，應無所住而生其心。」 如是者經常訓練自己的覺察與觀照能力。每當煩惱念頭生起時，就能立刻覺察，把它放下，不生執着，繼而提起正念，

將意識安住於定中。久而久之，六入緣觸就會漸漸趨向還滅了。

這降伏妄念的止功（亦名定力）要經過修習才能產生效果。這就是禪修初步的止觀。開始練習時要靜坐，將注意力集中在一所緣境上。若修安般守意[2]，則以鼻端的出、入息為意念的所緣境。當止的力量純熟時，不須單憑靜坐，就算行、住、坐、臥時，意識都能守護六根，不會攀緣外境。這就是永嘉大師所説的「行亦禪，坐亦禪，語、默、動、靜體安然」的六入靜止狀態。

釋迦牟尼佛常在諸經中強調還滅六入的重要性。禪者必須學習怎樣令六根不執着六塵而還歸到其清淨的本體。世尊在《不守護根門經》[3]告訴諸比丘説：

> 如果對於六根不調伏、不關閉、不守護、不執持、不修習，於未來世必受苦報。
>
> 比丘們，如果眼根不調伏、不關閉、不守護、不修習、不執持，於未來世必受苦報；其他如：耳、鼻、舌、身、意根等，也都是如此。
>
> 然而，愚痴凡夫的眼根看見外界的美色，便觸發心中的貪瞋痴，因而執受其樂

相，隨其外在的美色形貌而執着，放任其
眼根向外奔馳攀緣，不受戒律威儀的防護。
於是乎世間的貪愛、憂慮、焦慮、惡法等
負面思惟與情緒便騷擾其心。這些憂患煩
惱，都是因不能執持律儀所產生的後患，
不能防護眼根之故；其他如耳、鼻、舌、身、
意等諸根，也是同樣的道理。（中略）

反之，如果六根善調伏、善關閉、善守
護、善執持、善修習，於未來世必受樂報。
如果多聞聖弟子的眼睛看見外界的美色，
不因貪愛而執取其美色相，不隨其美色的
特徵而執取，不放任其眼根隨外界的美色
而攀緣奔馳，常住於戒律威儀中；如此則世
間的貪愛、憂慮、惡法都不能騷擾其心，
能以戒律威儀善護其眼根；其餘如：耳、
鼻、舌、身、意等諸根也都是一樣的道理。

因此，我才會說若能善於將六根善調
伏、關閉、守護、執持、修習，於未來世
必受樂報。[4]

在日常生活中，每每遇到令人產生愛憎等煩惱
的外境，所以最重要的是要經常保持覺察，守護六
根，不讓它們跟着外境轉。

註釋

（1） 止觀，即是我們常說的禪，是由止／奢摩他（巴利語：samatha，英譯：mental stabilization / ocus）與觀／毗缽舍那（vipassanā, introspection）的合稱。在漢傳佛教中，天台宗極注重止觀。止是專注所緣境，以止息妄念；觀是提起正智，如實觀察一切法。止屬定，作用在住，體性是靜；觀屬慧，作用在照，體性是明。

（2） 安般守意，禪修之一種方法，亦名數息觀（ānāpānasati, in-and-out-breath meditation）。經文謂：「安名為入息，般名為出息。」即透過數出、入息以達到守意，使意識不會散亂。

（3）《雜阿含經》第二七九經（即對應巴利聖典《相應部》第三五經第九四篇）

（4）《不守護根門經》，喬正一譯，http://www.charity.idv.tw/1/a119.htm。

第十八章
還滅門(上):
止觀與持名念佛

1　觸滅則受滅

三事（根、境、識）和合生起觸。當凡夫執着了外境，自然會而生起種種憎愛等感受。概括來說，受可分兩種：身受和心受。

一、身受是我們的五根：眼、耳、鼻、舌、身對外境：色、聲、香、味、觸所產生的感覺。這些感覺分為苦受、樂受和不苦不樂受。感受逆境名為苦受；感受順境名為樂受；感受非順非逆境為不苦不樂受。通常樂受令人產生貪心，苦受令人產生瞋心，而不苦不樂受令人產生痴心。

二、心受是意識對外境所生起的情緒。意識領納順境所生者為喜受，領納逆境所生者為憂受，領納非逆非順境為捨受。

苦樂二受的感覺較弱，而憂喜二受之感覺較強。

不少人因貪受五欲，執取樂受與喜受，造作種種業力，遂因業力的牽纏而受報。

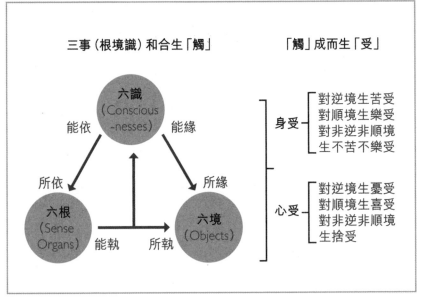

表二十一

　　若要還滅生命十二緣起的流轉，從三界六道輪迴之苦況解脫出來，就必須截斷六根對六境生六識時的我執感受，將污染的心識淨化。這轉識成智的法門甚多，都詳述於經論中。由於近代修學佛法者多數修禪或念佛，亦有不少禪淨雙修者，故此讓我們會探討怎樣用止觀與持名念佛來還滅觸緣受。

2 以止觀還滅觸緣受

　　從止觀的角度來說，六境流入六根生了六識，我們當下就要警覺，不要隨境界的影響而生起任何

感受，不要讓這妄念延續下去，立刻要放下它，更不要為這感受再衍生任何煩惱。正如大珠和尚的《頓悟入門要論》說：「只是事來不受，一切處無心。得如是者，即入涅槃，證無生法忍，亦名不二法門，亦名無諍，亦名一行三昧。何以故？畢竟清淨無我人故，不起愛憎……。」

何謂事來不受？即是當三事和合成觸時，內心不生起憎愛等感受。若初念不察覺而生起了受，第二念就要立刻警醒，把它止住，即時讓它寂滅下來，不令它產生作用。因此大珠和尚又說：「心若起去時，即莫隨去，去心自絕；若住時，亦莫隨住，住心自絕，即無住心。」

這觀法亦即是《金剛般若波羅蜜經》所說：「菩薩應離一切相，發阿耨多羅三藐三菩提心，不應住色生心，不應住聲、香、味、觸、法生心，應生無所住心。」離相，即是不執着外境而生起憎愛等煩惱，即使偶爾疏忽了警覺，必須停止延續這妄念──即不令心識住於緣境，不要令妄心有所住，這就是應生無所住心。

禪門以無念、無相、無住為降伏妄心的關鑰。其理與觸滅則受滅相同。

無念是不於境上生受心，但並非沒有了念頭，

缺乏了意識，喪失了知覺，而是對境無心，不生憎、愛、喜、怒、哀，樂等我執情緒的反應。故《六祖壇經》又説：「於諸境上，心不染，曰無念。」

無相即是於相離相。三事和合接觸了相（外境），引生了感受，隨即對相不作第二念的執着，當下警覺，還滅了受的情緒反應，放下我執。

無住是於諸法上念念不住。第一念對外境產生了憎愛等感受，由於定力不足，第二念，乃至後數念延續了這我執情緒。這時要立刻迴光返照，不要再讓它延續下去。其實無念、無相、無住是息息相關的，都是修定發慧的禪修法門。現將它表圖如下，以供參考：

表二十二

何謂提起正念？在《維摩詰所説經》中，文殊菩薩問維摩居士：「欲除煩惱，當何所行？」維摩居士答：「當行正念。」因此在還滅觸緣受的整個過程，我們都要提起正念。

提起正念，即是意識覺察當下的一切，而對這當下的一切又都不作任何分別妄想，不生色、聲、香、味、觸、法的執着心，無任何情緒感受的反應，只是單純地覺察它、注意它。這覺察是有佛法的智慧為基礎的。從廣義來説，包括了經律論所詮釋的種種義理；從狹義來説，則是四念處觀[1]。讓我們以四念處觀去解釋怎樣提起正念：

一、妄念生起：三事和合成觸，這時心識攀緣外境而起妄念，如抑鬱、憎惡、貪愛、自卑、躁狂、妒忌等感受。

二、覺察妄念：當第一念感受生起時，立刻警覺，不要隨着它走。觀察這妄念的性質（例如：是抑鬱？憂愁？自卑？自責？躁狂？）。以抑鬱念頭為例，這時要提起初步正念去思惟：「這是抑鬱念頭，我不應隨着它走，要立刻把它放下。 不要把它延續為第二念。」

三、觀照妄念

觀身：若這時身體某處感到不適，如心跳加速、

頭頸有壓力、呼吸困難等，立刻用思惟去放鬆它，專注觀想該部位，作深、緩、長的呼吸，意念要放鬆壓力。

觀受：觀察這抑鬱的痛苦感受是空的，對自己說：這只是一個念頭，不是真的我。它是「緣生即有，緣滅即無」的假相。我不應執着它為真實的存在。

觀心：這抑鬱念頭是短暫無常的，不是永恆的，無真實性，「心本無生因境有，前境若無心亦無。」這念頭是無常的，我不應執着它為實有，要放下它。

觀法：這抑鬱念頭不是「我」，只是隨着種種原因而生，亦隨着種種原因而滅的一個念頭。我的焦慮、恐懼、不安亦不是真實的。我要放下妄念，讓它離去，我應導向正念。

倘若行者經常以止觀方法遣除我執情緒，受就會自然泯滅，心識還復清淨。

3 以持名念佛還滅觸緣受

《大佛頂首楞嚴經‧大勢至菩薩念佛圓通章》説：

> 若眾生心，憶佛念佛，現前當來，必定見佛，去佛不遠，不假方便，自得心開。……以念佛心，入無生忍。今於此界，攝念佛

人，歸於淨土。佛問圓通，我無選擇，都攝
六根，淨念相繼，得三摩地，斯為第一。

「都攝六根，淨念相繼」講的是念佛方法。大
勢至菩薩的修行，在《楞嚴經》中提及的二十五個
圓通法門中，排列在第二十四，屬於根大圓通，是
以一句六字洪名「南無阿彌陀佛」來淨化觸，令它
不生任何憎愛等情緒的感受。眼、耳、鼻、舌、身、
意六根，是感知外界的六個窗戶。六根接觸六塵產
生了六識，這十八界的接觸，生出種種感受，將我
們內心的清淨污染了。如今持名念佛，不讓六根向
外面馳騁，而是用一句佛號把六根攝住。誠心持念
「南無阿彌陀佛」時，意根想着這句佛號，舌根從
口裏念出來，耳根聽進去。換言之，在六根當中，
一句佛號把意根、舌根和耳根都攝住了，不作其他
分別妄想，一切憎愛等感受都沒有了。

由於耳根很靈利，四面八方的聲音都聽得到，
容易擾亂心識，所以就要攝住耳根。耳根怎麼攝呢？
就是自念自聽，聽自己念出來的聲音，不要去聽外
面的雜音。平時耳根總是聽外面的聲塵，現在要攝
心聽自己所念的佛號，消泯能聞之妄心與所聞之雜
音，只反聞一句「南無阿彌陀佛」於心中。

不少人念佛的時候常會心猿意馬，口裏雖然念
着佛號，心裏卻打很多妄想，這是因為意根沒有攝

住。攝意根有種種方法，或者觀想「阿」字，或者觀想佛的白毫相，或數佛號由一至十。凡此種種觀法，都詳述於《佛說觀無量壽佛經》中。

六根之中，如果耳根和意根都攝住了，那麼其他四根便不攝而自攝。眼根自然微垂，不會東張西望；鼻根只聞到念佛堂的戒定真香；舌根自然在念佛；身根結彌陀印。開始念佛時是合掌，表明散亂的心和合在清淨的意念中，經行到第一個轉彎的地方，便放手結彌陀印。就這樣都攝六根於這句佛號上，而這句佛號就是阿彌陀佛的清淨心，如摩尼寶珠，投到眾生濁染的心中，令煩惱的心識轉為清淨，所以「南無阿彌陀佛」就是淨念。這個淨念能夠不間斷、不夾雜，就是淨念相繼。

用「都攝六根，淨念相繼」這個方法專修念佛法門，就能念到心不離佛，佛不離心，心佛一如，心佛能所融為一體。這樣一句佛號，密密綿綿，便能代替了受所引起種種煩惱，即是還滅了受。 將來盡此報身時（即臨終時），必能往生西方極樂世界，在阿彌陀佛與諸聖眾的教導下，親證大圓滿覺。這就是大勢至菩薩啟示世人的無上甚深微妙法門。

以上向各位介紹了大勢至菩薩的念佛圓通法門，下一章介紹另一個還滅生命流轉的法門──觀世音菩薩的耳根圓通法門。

註釋

（1）四念處觀：觀身、觀受、觀心、觀法。

第十九章
還滅門(下):
耳根圓通法門

1 以觀世音菩薩耳根圓通法門還滅觸緣受

根據《大佛頂首楞嚴經》，觀世音菩薩是修證耳根圓通而成就無上正等正覺的。經中說，觀世音菩薩頂禮佛足，而白佛言：「……若諸有學，斷十二緣。緣斷勝性，勝妙現圓，我於彼前，現緣覺身，而為說法，令其解脫……。」這裏所顯示的是觀世音菩薩以其所證悟耳根圓通的修法，滅除色蘊和受蘊乃至滅除想、行、識蘊。換言之，即是還滅十二緣起的觸緣受、受緣愛、愛緣取、取緣有、有緣生、生緣老死等生命流轉。

在這裏讓我們探討怎樣以耳根圓通還滅生命十二緣起。修法有六個層次，觀世音菩薩在《楞嚴經》中是這樣循循善誘地教導我們：

> 初於聞中，入流亡所。所入既寂，動靜二相，了然不生。如是漸增，聞所聞盡，盡聞不住。覺所覺空，空覺極圓。空所空滅，生滅既滅，寂滅現前，忽然超越世出世間，十方圓明……。

1.1 「初於聞中，入流亡所」

觀世音菩薩每天在海旁靜坐修止觀。水漲時潮

水沖激礁壁，耳根聽到潮水洶湧嘩啦嘩啦的澎湃聲音；水退時一切又歸於悄然寂靜。這相迭有序的潮汐週期所產生的動靜二相，令菩薩有所啟悟。水漲的動聲，水退的靜聲，歷歷在耳。這潮聲有生有滅，但耳根的聞性本自存在，不會隨水漲而生，隨水退而滅。這豈不是在反聞聞自性時，聞性不生不滅，只是水的動靜引起生滅？這時他向內觀照，反照自己耳根的聞性，不讓它隨波逐流，即是不攀緣水漲的動聲，亦不攀緣水退的靜聲，內心只保持耳根聞性的清淨。

何謂入流？耳根隨順外境，名為出流，這是一般凡夫的境界，即是耳根被外聲吸引，例如聽到別人對自己的責罵而起瞋心。若耳根不受外境影響，向心內收攝起來，反聞其清淨的聞性而不動，名為入流，這是修行人的境界。

凡夫的心識經常從六根向外境奔馳，攀緣六塵，產生了六種妄識，同時生起種種愛與憎等感受，然後又衍生種種煩惱，繼而作業，因作業而受報，遂輪迴於生死苦海中。現在反聞聞自性，從六根把心識收攝回來，不讓它出流攀緣外境。

亡所即是耳根不執着所聽的種種音聲，把能聽這個聞性往心內收攝，保持清淨，免受污染。凡是一切外境所產生的聲塵（乃至色、香、味、觸、法），

都當下把它亡卻，不留在自己的心識內，即是不攀緣、不執着，是為亡所。

　　根據《楞嚴經》的開示，凡夫的六根纏縛着生命的「六結」——動結、靜結、根結、覺結、空結、滅結。結者，有纏縛的意思，乃煩惱的異名。這些煩惱如貪瞋痴，能令眾生作業受報，生生世世流轉於三界六道輪迴之中，痛苦無量，不得解脫。若入流亡所這反聞聞自性的修行成功，就能解動結，空卻了動相的執着了。如是修行漸增，進而再解其他五結，就能破三執，成就三空。請參閱下表：

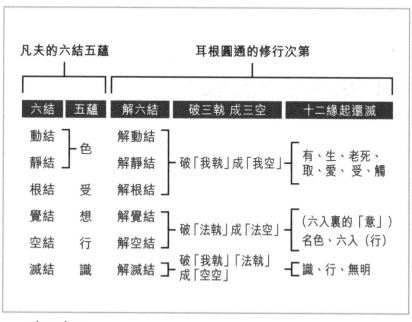

表二十三

1.2「所入既寂，動靜二相，了然不生」

這是耳根圓通修行的第二層次：解靜結，空靜相。

耳根攀緣聲音時，心被動相所轉而生妄識。現在不攀緣聲音就是處於靜相[1]，表示所入的動相已經止靜下來了。寂就是心識不動的境界。既然不動，這時「動靜二相，了然不生」。既寂非單指靜境之寂，乃是動與靜二塵俱寂。當動靜二相俱寂，即是破了色蘊的纏縛，就能解開靜結。當行者修到「動靜二相，了然不生」時，他的止觀功力已經達到甚深禪定了。這時色蘊——即十二緣起所說的觸漸滅。

1.3「如是漸增，聞所聞盡」

這是耳根圓通修行的第三層次：解根結，空能聞的根相。

行者繼續在這入流亡所反聞聞自性上用功，內觀的修持純熟了，凡眼看、耳聞、鼻嗅、舌嚐、身觸、法想的一切外境，都不留住它們在心識中生煩惱，立刻令它們流出，不但動靜二相不生，連能聞的功夫也不執着。前面離開了動相、靜相，這時眼、耳、鼻、舌、身、意六根就寂然不動、不攀緣了。

在這唯識無境的修持中，還要繼續用功，繼續
漸增，達到能聞之耳根歸到清淨的體性。聞所聞盡，
即反聞聞自性的功夫到最後的盡頭，耳根清淨影響
到意根也清淨，其他四根——眼、舌、鼻、身也變
成清淨了。到此六根清淨，根結已解，無有能受、
所受，則受蘊破了，十二緣起的受也還滅了。

這時我執已破；行者成就我空，即是《金剛般
若波羅蜜經》所講「無我相、人相、眾生相、壽者
相」的境界，但是法執尚存。從十二緣起的角度來
說，此時觸、受、愛、取、有、生、老死都還滅了。
這是辟支佛（緣覺聖者）的境界，已經超越三界的
輪迴生死了。

1.4 「盡聞不住，覺所覺空」

這是耳根圓通修行的第四層次：解覺結，空覺
相。

動相、靜相、六根都空了，只有這覺性和所內
觀的空覺。這時還有能覺之心。上述第三層次成功
了，解了根結，這時頓覺整個世間畢竟空寂，甚麼
都不執有，一切山河大地、日月星辰、是非善惡等
世間法都空掉了，只存這覺性，只有能覺之心智和
所覺之空境。

這時已經入了正定，破了我執，證到我空的境界，但是還有法執的境界未破。因有能覺，還是有所覺。破法執，就是要破除對於空的執着。換言之，這時能聞與所聞雖盡，六根的作用俱離，唯一覺空之境尚存。若住此境，尚有覺照之法，不得法空，故須進修，所以説盡聞不住，即是要繼續內觀，解此覺結之境，直至「能覺之智，所覺之境」皆空。

這時根、塵、識雖空，還有能覺的念頭。覺有二，即能覺與所覺。覺性是能覺；能聞之根、所聞之動靜二相都是所覺。所覺在第三層次已空，此時要空卻能覺之心。若能覺之心也能空卻，即解覺結。

1.5「空覺極圓，空所空滅」

這是耳根圓通修行的第五層次：解空結，滅空相。

能覺、所覺皆空，還要空到極圓滿處。不執着覺，也不執着空，連空也要空掉，即空空，到達寂的境界，內外一如，能所不二，就稱空所空滅。空的境界不執着，住在空裏面這念心也不執着。換言之，在上述第四層次的內觀，雖空了能覺與所覺，解除覺結。但能空之心，亦復是結，亦當解除。若有能空、所空之法執，則空性不圓滿而墮理障。

這時行者仍須加功用行究得空性，極至於圓滿，則能空之理，與所空之智二者俱亦能除滅。若能解空結，則能破除法執，成就法空觀。前期我執已滅，現在法執亦空，行者已經是登地的大菩薩，不但早已超脫輪迴生死，並能廣渡無量眾生，離無上正等正覺不遠了。

1.6「生滅既滅，寂滅現前」

前面所説的境界——動滅靜生、根滅覺生、覺滅空生、空滅滅生，都是屬於生滅法。從佛陀的無上正等正覺的角度來看，動是生滅法、靜是生滅法、六根、能覺、所覺、能空、所空都屬於生滅法，尚未達到不生不滅的究竟涅槃。大菩薩滅了我法二空，仍然處於滅法上，非真滅，所以要將此滅亦滅去，故曰「生滅既滅，寂滅現前」。當寂滅——究竟涅槃現前時，就能破根本無明[2]了。

生滅既滅，不執着能空之心，也不執着所空之境，繼續用功，最後生滅都滅了，寂滅就會現前。這時才是真正的楞嚴大定，真正的三昧現前。

何謂既滅？即一切生滅法悉皆滅已。此去更無可滅。正如《金剛般若波羅蜜經》説：「無我相、人相、眾生相、壽者相、無法相、亦無非法相……

乃至無有少法可得，是名阿耨多羅三藐三菩提。」
如是妄窮真露，寂滅真如現前了。此寂非對動之寂；
此滅非對生之滅，乃是如來藏妙真如性。這時我
執、法執根本破除，成就了空空。根本無明淨盡，
生命十二緣起徹底還滅了。這是佛陀的無上正等正
覺。

註釋

（1）這裏的動靜二相泛指世間上一切眾生、事、物、山河大地等種種相狀及其關係，即色蘊。動比喻 state of all activity；靜比喻 state of all inactivity。

（2）根本無明（梵語：mūlāvidyā，英譯：Original Ignorance），是一切煩惱之根本，亦名生相無明、無始無明。《勝鬘經》云：「阿羅漢、辟支佛智所不能斷，唯如來菩提智之所能斷。」這根本無明很難斷除，因為它非常幽邃微細，藏於阿賴耶識中，只有佛陀和等覺菩薩才能了知其真實體性。

結束語

結束語

　　從古至今，生命之謎一直都是人們的疑惑。很多人在沒弄清楚生命是怎麼一回事之前，就渾渾噩噩過了一生。二千六百多年前，偉大的佛陀已為世人宣示，生命十二緣起的真理。無量劫以來，眾生因為無明而起貪愛，執着六塵而起煩惱，造出各種身語意業，因業力牽纏，沉淪於生死而輪迴不息，受苦無窮。當我們認識生命的真相後，如何去還滅生命的流轉，脫離輪迴的痛苦呢？通過了解十二緣起的義理，我們認識到「六入緣觸」是一個關鍵點，若能在六根接觸六塵時保持覺察與正念，守護根門，不讓心隨着愛與憎的感覺走，便能減少煩惱的生起，避免做出招引惡果的身語意業。要達到這個目標，我們可以通過修習止觀及持名念佛的方法，作為下手處，願能逐步達到「動靜二相，了然不生」的境界。

　　學人觀成感恩在此與大家一起學習佛法，探討生命十二緣起的流轉與還滅。祈願讀者們，能夠從中啟迪探索生命真相的智慧，在餘下的人生旅途上學習佛法，開啟清淨自在的人生。

www.cosmosbooks.com.hk

書　　名　生命的流轉與還滅—— 十二緣起初探

作　　者　觀成法師

策　　劃　林苑鶯

責任編輯　鄺志康

美術編輯　蔡學彰

出　　版　天地圖書有限公司

　　　　　香港黃竹坑道46號

　　　　　新興工業大廈11樓（總寫字樓）

　　　　　電話：2528 3671　傳真：2865 2609

　　　　　香港灣仔莊士敦道30號地庫（門市部）

　　　　　電話：2865 0708　傳真：2861 1541

印　　刷　亨泰印刷有限公司

　　　　　柴灣利眾街德景工業大廈10字樓

　　　　　電話：2896 3687　傳真：2558 1902

發　　行　聯合新零售（香港）有限公司

　　　　　香港新界荃灣德士古道220-248號荃灣工業中心16樓

　　　　　電話：2150 2100　　傳真：2407 3062

出版日期　2022年7月 / 初版 · 2022年10月 / 第2版 · 香港